RAFAEL BRITO

O segredo dos Anjos

Descubra a essência da profunda
comunhão e obediência a Deus

ANGELVS
EDITORA

Aliança de
Misericórdia

```
Dados Internacionais de Catalogação na Publicação (CIP)
       (Câmara Brasileira do Livro, SP, Brasil)

Brito, Rafael
   O segredo dos anjos / Rafael Brito. -- 1. ed. --
São Paulo : Angelus Editora, 2021. --
   (Trilogia dos anjos ; 1)

   ISBN 978-65-89083-06-1

   1. Anjos 2. Anjos - Cristianismo 3. Anjos -
Doutrina bíblica 4. Anjos - Ensinamento bíblico I.
Título II. Série.


-64087                                    CDD-235.3
```

Índices para catálogo sistemático:

1. Anjos : Ensinamento bíblico : Teologia cristã
      235.3

Aline Graziele Benitez - Bibliotecária - CRB-1/3129

8ª EDIÇÃO

O Segredo dos Anjos
Copyright 2021 © Angelus Editora

Direção Editorial:
Maristela Ciarrocchi

Preparação:
Rogério Arruda Martins

Revisão:
Tatiana Rosa Nogueira Dias

Capa e Diagramação:
Raquel Lopes e Maitê Ferreira

Fotos:
Rafael Brito, Felipe Barreto, Unsplash

ISBN: 978-65-89083-06-1

À minha querida Lilian, esposa, amiga, mãe dos meus filhos e meu anjo na terra...

SUMÁRIO

Prefácio **7**

Apresentação **11**

Prólogo **13**

Introdução **15**

Revelando os segredos perdidos **27**

1.1 Os Anjos são criaturas como você **45**

1.2 Quem são os anjos e qual a relação que temos com eles? **49**

1.3 Somos irmãos de anjos **54**

A Comunhão dos Santos e os Anjos **63**

Resgatando o conhecimento dos Anjos **71**

Revelação do Fogo (Os Serafins) **81**

4.1 Mergulhados no fogo do Amor de Deus **82**

4.2 Nossos modelos na provação **84**

4.3 A amizade no secreto **87**

Revelação da Unidade e Comunhão (Os Querubins) **97**

5.2 Guardiões da Glória e do fogo **101**

5.3 De dentro para fora **104**

5.4 A Identidade na adoração e no relacionamento com Deus **109**

5.5 A liberdade da adoração **114**

5.6 Os Querubins na liturgia do Céu e da Terra **119**

Revelação da Intimidade (Os Tronos) **125**

6.2 Carregam em si a presença de Deus **128**

6.3 Os Tronos - reflexo da perfeição divina dentro de si **130**

Um Canto Novo **145**

Conclusão **151**

Posfácio **155**

Orações **159**

Referênciais Bibliográficas **171**

PREFÁCIO

A existência dos anjos é doutrina firmada pela Igreja, porém, nem sempre bem conhecida. A publicação deste livro pode nos auxiliar no caminho de aproximação a esses seres celestes, por meio do estilo coloquial do texto, que favorece uma conversa do autor com o seu público leitor. O emprego desse recurso permite que o ensinamento sobre os anjos seja transmitido de maneira simples e didática. Trata-se, portanto, de um bom veículo para o conteúdo.

Neste sentido, o primeiro aspecto que desejo ressaltar no enfoque adotado pelo Rafael é o apoio na Sagrada Escritura, fruto de uma ampla pesquisa nessa área, e que nos assegura, pela palavra da Revelação, que os anjos desempenham sua missão junto a Deus e aos seres humanos. O segundo aspecto a ser destacado é a doutrina da Igreja sobre os anjos, que serve de embasamento para diversas noções que o autor vai comunicando, com hábil e segura pedagogia. A bibliografia da obra também reflete essa pesquisa.

O recurso à Patrística vem enriquecer o texto, e refiro-me a ele como o terceiro aspecto do meu comentário sobre o livro, conforme o propósito que o autor nos comunica: "O que desejo entregar para você é o conhecimento de uma tradição escrita e vivida nos séculos pela cultura judaico-cristã, percorrendo um caminho das sagradas escrituras até os dias atuais."

Além da doutrina católica sobre os anjos, existem reflexões dos Padres da Igreja que manifestam um grande apreço por eles, e com elas o Rafael ilustra boa parte da sua obra. Um exemplo é o caso dos coros angélicos, divididos em hierarquias pelo Pseudo-Dionísio, e que recebem uma significativa abordagem no texto. É oportuno destacar a ressalva que o autor apresenta a respeito: "Certamente essa 'hierarquização' é um modo para refletir sobre a realidade angélica e mesmo não sendo um dogma de fé, a inspiração de Dionísio ilumina o nosso estudo."

Assim, encontramos neste livro um texto baseado na Sagrada Escritura e no Magistério da Igreja, e também colorido com reflexões dos Padres da Igreja, que o tornam bastante interessante. Reconhecendo as fronteiras do conteúdo, entre o que é objeto da nossa fé e as inspirações pessoais de outros autores, temos uma proposta de leitura capaz de promover uma saudável amizade entre os leitores e os anjos e nos levar à centralidade da fé em Jesus Cristo.

Cardeal Orani João Tempesta, O.Cist.
Arcebispo Metropolitano de São Sebastião do Rio de Janeiro

APRESENTAÇÃO

Eu vi – eu ouvi a voz de numerosos anjos que rodeavam o trono, os Seres vivos e os Anciãos. Eram milhares de milhares, milhões de milhões, e proclamavam em alta voz: "O Cordeiro imolado é digno de receber o poder, a riqueza, a sabedoria e a força, a honra, a glória e o louvor". Ap 5.11-12.

A singularidade desta obra, traz uma abordagem genuína, livre de misticismos e descaracterização da realidade sobre o mundo angélico.

Neste livro, o Segredo dos Anjos, o autor Rafael Brito, apresenta o que as Sagradas Escrituras, o Magistério da Igreja e a Sagrada Tradição, revelam acerca destes seres maravilhosos e puramente espirituais. A primeira hierarquia será o foco neste livro, possibilitando-nos o entendimento de quem são os Serafins, Querubins e Tronos, levando-nos ao processo da verdadeira adoração.

As Escrituras revelam que os anjos foram criados para auxiliarem os homens e a igreja, mas, a adoração e o louvor a Deus, são um chamado primeiro e constante para estes seres espirituais. E ao nos aproximarmos deles, aprendemos a essência da profunda comunhão e obediência a Deus.

A maior motivação para os anjos é estar na *"Presença do Senhor"*, amá-Lo com toda intensidade e honrá-Lo. E como diz, o autor, somos irmãos de anjos, e temos uma família no céu que nos ensina o valor de desfrutarmos da intimidade autêntica com Deus.

Através de experiências reais com os anjos, Rafael Brito nos mostra um caminho de contentamento com Deus. E ao invés de nos apresentar algo maçante e difícil, ele nos oferece uma direção para sermos íntimos do céu, pois o nosso maior propósito de vida, é conhecer a Deus e ser conhecidos por Ele. O segredo dos anjos irá completar aquele desejo por comunhão íntima com o Senhor, que está nos esperando no Trono da Graça.

Alessandra Santtos
Fundadora da Comunidade Leoas Ungidas

PRÓLOGO

Após anos de estudos no campo da teologia dogmática e fundamental, tenho percebido como o tema do mundo angélico, em tempos como os nossos, tem sido de grande relevância para o conhecimento e intimidade para com Deus.

Desde muito cedo em minha caminhada de fé, sempre me questionei sobre o valor dado ao aspecto negativo e sombrio dos anjos caídos, isto aqueles chamados de demônios. Sempre me questionei o porquê essa realidade real de seres que escolheram livremente abandonar seu criador chamar mais atenção de muitos do que a maioria dos outros anjos que permaneceram fiéis a Deus e a sua vontade.

Sendo assim, sem negar a existência e ação do maligno no mundo, por meio do mistério da iniquidade e da queda, desejei escrever esta trilogia, para que ficasse em evidência o aspecto majestoso do Bem que vence qualquer mal.

De fato, ao debruçarmos na tradição da igreja, nos ensinamentos dos padres e no magistério, o que encontramos é a boa notícia: **Existem mais anjos do que demônios.**

Em Apocalipse 12, 4 o autor sagrado afirma que no dia da rebelião no céu o grande dragão arrastou consigo a terça parte das *"estrelas do céu"*, fazendo assim referência aos anjos que caíram junto com a antiga serpente. É justamente aqui que encontramos o consolo de saber que para cada anjo mal, você terá sempre dois anjos bons para te conduzir a Deus e te guardar no caminho.

Este é o primeiro volume da trilogia *"o segredo dos anjos"*. Nele iremos adentrar no lugar secreto da adoração, da amizade e da intimidade com Deus. Que o teu coração encontre nestas páginas o consolo em dias difíceis e a certeza que nunca estaremos sozinhos em nossas lutas e tribulações.

Que os anjos estejam com você!

INTRODUÇÃO

Os anjos são seres celestiais reais e pessoais. Evidentemente, esta realidade desperta a curiosidade de todos nós. Apesar disso, não podemos ignorar que também há muita confusão a respeito do que se conhece deles.

Durante a leitura deste livro, você descobrirá que eles são citados na Bíblia centenas de vezes, seja no velho ou no novo testamento, provando que são seres espirituais e que foram criados pelo próprio Deus antes da formação do mundo, como pode ser visto em Jó 38,7.

No dia mais importante da vida do profeta Isaías, isto é, no dia do seu chamado a tornar-se profeta, estando ele no templo, teve uma visão do céu, na qual Deus era exaltado pelos anjos que foram criados para proclamar a sua Glória e o seu poder (Is 6,1-6):

No ano em que morreu o rei Ozias, vi o SENHOR, sentado em trono alto e majestoso. A orla de seu manto enchia o templo. Acima dele se erguiam serafins, cada qual com seis asas. Duas cobriam-lhes o rosto, duas o corpo, e duas serviam para voar. Exclamavam um para o outro: "Santo, santo, santo é o SENHOR dos exércitos, a terra inteira está repleta de sua glória." Ao clamor dessas vozes começaram a tremer as portas em seus gonzos, e o templo encheu-se de fumaça. Exclamei, então: "Ai de mim, estou perdido! Sou um homem de lábios impuros, vivo entre um povo de lábios impuros, e, no entanto, meus olhos viram o rei, o SENHOR dos exércitos". Um dos serafins voou para mim segurando, com uma tenaz, uma brasa tirada do altar.

Os Serafins - anjos adoradores de fogo - estavam acima Dele; cada um tinha seis asas: com duas cobriam o rosto, com outras duas cobriam os pés, e com duas voavam. Além disso, clamavam uns aos outros, dizendo: "Santo, Santo, Santo é o Senhor dos Exércitos, toda a terra está cheia da sua glória" (Is 6,3).

A Bíblia, bem como a tradição da Igreja, afirma que os anjos são seres espirituais ministradores, enviados para servir aqueles que herdarão a salvação, pois são servos de Deus e por intermédio da sua santa vontade podem interferir nos assuntos humanos.

Eles receberam de Deus a incumbência de realizar trabalhos específicos como, por exemplo, lutar contra Satanás pelo corpo de Moisés (Jd 1,9), bem como visitar Abraão e sua esposa Sara anunciando-lhes o nascimento de Isaac, a garantia da promessa.

O autor da carta aos Hebreus afirma que foi pela fé que alguns homens - exercendo o dom da hospitalidade - sem o saber, acolheram anjos em suas casas. (Hb 13,1-3). Nesse versículo bíblico, vejo a consciência que os primeiros cristãos tinham a respeito da realidade dos anjos na vida dos homens. Mas é na plenitude do mistério da salvação dos homens que veremos a presença dos anjos como anunciadores; de modo específico, será por intermédio do Arcanjo Gabriel que chegará a Zacarias o anúncio do nascimento de João Batista, o precursor do Salvador (Lc 1,1-25).

Logo em seguida, o mesmo Arcanjo anuncia a maior de todas as mensagens: comunica à Virgem Maria que ela havia sido a escolhida para dar à luz o Messias e Salvador dos homens. O mesmo anjo aparecerá a José - esposo da Virgem - para que não tenha medo do propósito divino em acolher em sua casa a sua esposa e o fruto do seu ventre (Mt 1,20-23). Assim diz o texto sagrado:

Enquanto assim decidia, eis que o anjo do Senhor manifestou-se a ele em sonho, dizendo:

> *"José, filho de Davi, não temas receber Maria, tua mulher, pois o que nela foi gerado vem do Espírito Santo. Ela dará à luz e tu o chamarás com o nome de Jesus, pois ele salvará o seu povo de seus pecados". Tudo isso aconteceu para que se cumprisse a escritura que diz: "Eis que a Virgem conceberá e dará à luz um filho e o chamarão de Emanuel que traduzido significa, Deus está conosco!.*

Além disso, a presença celestial será manifestada quando a criança divina, em perigo e ameaçada de morte pelo tirano Herodes, é protegida por José que mais uma vez em sonho recebe a visita do anjo que lhe ordena para que fuja rumo ao Egito (Mt 2,13-18). O cuidado e o zelo do anjo, em avisar e proteger a sagrada família, demonstram como esses irmãos - em conformidade com a vontade de Deus - são ativos em cuidar de cada um de nós. O que aconteceu com o menino Jesus e sua família, assim acontece conosco. Em todos os momentos, Deus enviará um anjo para que nos conduza e proteja-nos no caminho (Ex 23,20).

Os anjos são muito mais fortes, poderosos e inteligentes que os homens. Sendo espíritos celestiais dotados de poder, podem viajar numa velocidade muito acima do que podemos imaginar. Por isso, quando são enviados a nosso favor atravessam os mais altos céus em milésimos de segundos, para livrar-nos de qualquer cilada e perigo.

Eles estão a nosso dispor por ordem divina. Existe uma comunhão que nos une a eles em Jesus Cristo, que reuniu a si todas as coisas, as visíveis e as invisíveis (Cl 1,16). O que podemos aprender com a realidade dos anjos? Que nunca estamos sozinhos! Que existe uma família no céu que nos espera! E ainda: por mais que você caminhe em um vale de lágrimas neste mundo, o Senhor não deixará de iluminar seus passos, pois mesmo que, por vezes, esteja escuro o teu caminho, Ele é a luz verdadeira (Jo 1,5) e, certamente, enviará seus anjos para que não tropeces (Sl 91,11).

Veremos que a comunhão dos anjos com os homens - ou seja, sua ligação conosco - existe desde o princípio. Evidenciaremos, portanto, que o que eles desejam (uma vez que são dotados de vontade) é a nossa proteção e o acontecimento de coisas boas a nosso favor. As referências bíblicas são tantas: Gênesis 19,15-16; Daniel 6,23; Atos 12,6-11; Marcos 1,13; Lucas 22,43; Mateus 18,10 e o próprio Jesus disse em Lucas 15,10.

Será por intermédio das sagradas escrituras, da tradição e do magistério da Igreja que buscaremos respostas às indagações que temos quanto ao mistério desses seres espirituais, criados por Deus antes da fundação do mundo e que, por vontade divina, estão ligados a nós por uma amizade e vínculo inquebrável, a partir do próprio mistério da criação em si.

Percorreremos os escritos dos padres da Igreja, bem como os ensinamentos dos grandes teólogos e místicos que, ao longo da história, vivenciaram e conviveram com esses nossos irmãos celestiais. Sim, os anjos são nossos irmãos! Eles, em Deus, desejam fazer parte da tua família.

A partir desta introdução você está pronto para entender e aprofundar-se nos capítulos seguintes. Em primeiro lugar, iremos adentrar no mistério e estudar as classes de cada coro celeste. Em um segundo momento, aprenderemos - à luz da tradição - como tais seres espirituais relacionam-se com Deus. Em um terceiro momento, aprofundaremos no relacionamento deles para conosco, e como nós - em Jesus Cristo, pela comunhão dos santos - podemos aprender a respeito deles e a respeito do modo de aproximação que é possível em nosso relacionamento de irmandade.

Esteja preparado! As próximas páginas levarão você a um conhecimento e intimidade com Deus por meio desses majestosos espíritos celestes, que queimam na presença de Deus em um amor incondicional por Ele e por você, simplesmente porque és amado e querido pelo seu criador, que no momento mais escuro e sombrio da humanidade, enviou seu único Filho para lhe salvar e lhe reconduzir de volta a casa, isto é, ao jardim do Éden, o paraíso perdido, que agora em Cristo foi restituído pelo seu sangue naquela gloriosa cruz.

Por que podemos nos relacionar com os anjos? Simplesmente porque a nossa alma anseia pelo Céu e, ao mesmo tempo, sente saudades de subir as escadarias do trono do Cordeiro que está rodeado por todos os coros dos anjos que te esperam para cantar um cântico que nunca foi cantado. E que, quando começar a cantá-lo, será unida a ti uma multidão de milhares de miríades de anjos e santos que, em um só coro, farão subir os mais altos louvores ao coração do Todo-Poderoso (Ap 5,11).

Portanto, desde agora e para sempre, todos aqueles que estão incorporados a Cristo, por intermédio do sacramento do batismo, possuem em si - por intermédio da graça divina - a possibilidade de entrar em comunhão com o céu, mesmo vivendo na terra. A cultura judaico-cristã sempre entendeu que o homem, mesmo sendo feito da matéria do pó da terra, é dotado de intelecto, vontade e liberdade. Tais atributos ontológicos não são encontrados em outros seres criados no mundo visível, a não ser no homem, criatura criada à imagem e semelhança de Deus.

Com tudo isso, quero lhe dizer que você possui em sua essência a semente divina[1], por meio da qual és ligado naturalmente ao mundo espiritual e invisível, onde habitam os coros dos anjos e pelo qual desejam entrar em comunhão e relacionamento contigo. A analogia da semente ensina-nos, à luz da agricultura, que necessitamos cultivar, cuidar e adubar a terra do nosso coração para que ela possa crescer. Nesse sentido, mesmo carregando em nós a potencialidade de relacionar-nos com as realidades invisíveis e, sobretudo, com Aquele que é Invisível (Deus), temos que a cada dia buscar o cultivo da relação com o paraíso dentro de nós, na terra fértil do nosso coração.

Somente o ser humano é capaz de relacionar-se com outros seres racionalmente. Diferindo-se dos outros animais irracionais, o homem é o único ser criado capaz de cunhar regras, tomar decisões que transcendem ao simples instinto biológico[2]. Essa é a semente que Deus plantou em ti. Você é capaz de ter um relacionamento profundo e intenso com o seu Criador e com todas as suas criaturas! Prepare o seu coração para adentrar no mistério desse relaciona-

---

1 Cf. CONCÍLIO DO VATICANO II, CONSTITUIÇÃO PASTORAL *GAUDIUM ET SPES*, 3.
2 TOMÁS DE AQUINO, *DE VERITATE*, Q. 1, A. 4.

mento que vai além da nossa finitude e que nos coloca em comunhão com a eternidade.

Este é o primeiro livro da trilogia *"o segredo dos anjos"*. Portanto, esta presente obra, é a primeira de três volumes em que adentraremos no conhecimento a respeito dos anjos e de suas hierarquias e respectivos coros celestes, individuados e divididos a luz dos ensinamentos dos padres e da tradição e doutrina cristã.

O objetivo principal deste primeiro volume é o de conduzir você ao conhecimento introdutório de quem são os anjos e como os três coros da primeira hierarquia celestes vivem e se relacionam entre si, com Deus e conosco. Adentraremos no *"lugar"* secreto da adoração. Por meio das sagradas escrituras, da revelação e da doutrina, iremos entender como estes nossos irmãos celestiais, se movem e vivem na presença de Deus e de seu Trono.

Todas as vezes que, ao longo do livro, eu usar a palavra *"Deus"*, quero referir sobretudo ao mistério trinitário. Tal mistério se constitui o centro da nossa fé. Deus, Uno e Trino, é um só Deus em Três pessoas distintas que se relacionam entre si em um Ágape (Amor Divino) eterno, que se deixa ser encontrado por toda criatura.

Os anjos da primeira hierarquia celeste, estão

profundamente dedicados e orientados para Deus. Veremos que cada coro de anjos, ao adorarem a Deus em modos diferentes, demonstra, na realidade, a pluralidade da relação, que cada um de nós tem com o Senhor. Por exemplo, o modo pelo qual você se relaciona com Deus é diferente do modo em como eu me relaciono. Agora, imagine todos os seres humanos que já nasceram, desde Adão e Eva, até o último dos mortais, cada um em sua singularidade possuindo a sua característica pessoal em relacionar.

Do mesmo modo, a singularidade de cada anjo e homem, possui o modo e a singularidade na relação. Mas, a beleza da pluralidade é justamente a unidade. Entretanto, ao fim da nossa reflexão, chegaremos à conclusão que o modo que os três primeiros coros celestes se relacionam com Deus, é também o modo que eu me relaciono com o Senhor.

Em poucas palavras, a presente trilogia buscará fazer o leitor entender a beleza de que, mesmo sendo fracos e pequenos, ainda assim possuímos em nossa essência a dimensão da imagem e semelhança a Deus, que é por si mesmo, em sua essência, relação plena e amor incondicional.

Antes de iniciarmos a nossa *"busca"* por este tesouro escondido da nossa tradição cristã e da nossa fé, quero lhe antecipar uma verdade: Você é a síntese da adoração e relação do Céu. O seu coração queima e anseia aquele lugar secreto onde os primeiros coros da hierarquia celeste habitam. Sabe por quê? Porque viestes de Deus e seu coração não descansará até que ele esteja unido ao centro da vontade do seu criador. Os anjos estão na presença e adoram a Deus sentado em seu trono.

Quanto a ti, desde sua concepção, foste vocacionado a viver não somente na frente do trono, mas dentro de Deus. Veremos por meio destes escritos como esta revelação divina ao longo da história, se tornou plena por meio da encarnação da Segunda Pessoa da Trindade Santa, isto é, o Jesus Cristo, Nosso Senhor que ao se tornar homem e assumir nossa natureza, trouxe consigo o Céu na Terra.

Aprenderemos a como nos relacionar com os anjos em uma maneira verdadeira e sem a abstração que muitas vezes somos tentados a ter em relação aos seres espirituais e a sua realidade celestial. Veremos que o Céu e a realidade angélica, mesmo sendo dimensões diferentes, não estão longe de nosso alcance, mas ao contrário, fazem parte do nosso cotidiano, da nossa liturgia e do modo em que nos relacionamos com Deus e com os irmãos. Eu te garanto: sua visão sobre o mundo angélico mudará totalmente!

CAPÍTULO 1

Revelando os segredos perdidos

Já parou para pensar o quanto temos a necessidade de encontrar respostas para situações em nossas vidas? Desde os tempos remotos, nossos antepassados buscavam uma resposta para os fenômenos naturais que aconteciam em sua volta. Temos como exemplo o natural ciclo do ano, ou mesmo a dádiva da criação em si, questões que fizeram com que eles entendessem que acima de todas as coisas existia uma ordem sobrenatural que regia o natural. Já na era do Paleolítico e Neolítico, o homem pintava o ritual de caça nas paredes da caverna em que habitava, e foi ali que os arqueólogos encontraram indícios de uma busca pelo invisível e respostas às situações do seu cotidiano[3]. Portanto, faz parte da natureza humana a busca pelo conhecimento.

---

3 Cf. JULIEN RIES. *L'UOMO E IL SACRO NELLA STORIA DELL'UMANITÀ*. MILANO, JACA BOOK, 2007, P. 606.

Por mais que você seja um cético e que muitas vezes possa me dizer que não sinta a necessidade de um relacionamento constante com Deus, a sua alma sentirá saudades. Ao falar dos anjos, nós estamos na verdade tratando sobre a existência celeste. Ao professarmos o nosso credo, dizemos: *"Creio em Deus Pai Todo-Poderoso, criador do Céu e da Terra, de todas as coisas visíveis e invisíveis".*

O real motivo de haver em você a curiosidade das coisas invisíveis (mundo espiritual) está em Deus, que criou você e os anjos, que vivem na realidade espiritual. Mas como estudar com segurança sobre este tema? Neste capítulo, trarei entendimento e algumas dessas respostas que acabaram sendo perdidas com o passar dos tempos.

Quando falamos em anjos, muitas lacunas e indagações abrem-se em nossa mente, o que nos faz perder ou deixar passar despercebidas as melhores experiências que nós, humanos, poderíamos viver e experimentar. E, por que isso acontece? A resposta é simples, ao mesmo tempo em que queremos conhecer e buscar, temos medo e resistimos ao desconhecido.

Sei que quebrar hábitos e costumes é extremamente difícil. Apesar disso, minha intenção com este livro é trazer conhecimento de forma simples para que você entenda o mover que acontece de forma circular e não piramidal no mundo espiritual.

Com o advento do racionalismo e do antropocentrismo que tomou conta da humanidade, a tentação da modernidade sempre foi querer "explicar", determinar e delimitar as realidades invisíveis no campo da fé. Algo que os antigos nunca duvidaram, nem mesmo questionaram-se, porque a vivência religiosa de outrora passava pelo crivo da experiência antes da teoria. Isso é ruim? Não necessariamente, porque também pela nossa razão - mesmo limitadamente - podemos chegar a Deus, justamente por causa daquela semente divina em nossa alma como eu disse acima. Ainda assim, somente a fé pode levar à plenitude e responder integralmente as indagações mais profundas do nosso coração. Hoje o que constatamos?

A cultura do Reino foi negada, e o grande problema que encontramos com relação a isso é que quando algo é negado fica uma lacuna, o que faz com que a necessidade de uma resposta torne-se obstinação. A próxima geração tenta a qualquer custo encontrar essa explicação e, ao tentar recompor, não encontram fontes e começam a inventar coisas.

Quando vamos procurar fontes que falam sobre anjos, encontramos, de um lado, muito conteúdo ligado a movimentos de fontes não cristãs. Certamente essas teorias vêm recheadas de heresias, ou seja, não correspondem a verdade de fé vinculada à revelação de Deus em sua palavra e na tradição judaico-cristã.

Constatamos ainda que o mesmo pode acontecer no campo acadêmico e, infelizmente, até mesmo no campo teológico, em que muitas linhas de exegese (e até mesmo de reflexões teológicas) chegam a negar a existência desses seres espirituais. Assim sendo, a tentação é buscar na superficialidade as respostas para o conhecimento real e verdadeiro dos anjos de Deus.

Ao contrário, sabemos que os anjos são reais, independente da crença que temos ou não em sua existência. São seres pessoais e poderosos. Eles residem e estão em torno do trono de Deus, numa comunhão profunda com Ele e também conosco que somos criados à imagem e semelhança do Todo-Poderoso, O qual adoram sem cessar[4].

O que quero dizer? Afirmo que na mesma fonte onde bebem os anjos, bebemos também nós. Por isso, existe um lugar de encontro entre o homem e o anjo. E onde é? Na presença de Deus! Todas as vezes que você ousar se aproximar do trono da graça (Hb 4,16), ali encontrarás os seus irmãos celestiais. Que

---

4 CATECISMO DA IGREJA CATÓLICA, 328.

lindo tudo isso, não é mesmo? É poderoso pensar que não estamos sozinhos!

Neste livro, a minha proposta é transformar os conteúdos profundos, cheio de revelações maçantes, em uma linguagem simples e fácil como o Papa Francisco pede, ao orientar-nos a levar a Palavra em uma linguagem nova, sem perder a essência.

Para entender o quanto se perdeu da verdade escondida dos anjos, resgatarei um breve histórico da nossa igreja; contudo, não vou me prender a datas, mas aos fatos que realmente farão diferença ao conhecimento que você vai adquirir nos próximos capítulos. O que acontece com você quando se perde no caminho? Desde criança aprendemos que ao esquecer ou perder-nos, as primeiras coisas que temos de fazer é: parar, pensar, pedir ajuda e voltar. Iremos fazer isso ao longo deste livro. Iremos adentrar na reflexão sobre nós mesmos. Pediremos ajuda à vasta tradição da Igreja e das sagradas escrituras, além de que buscaremos aquela metanóia (conversão) do coração, para voltar às raízes da nossa fé.

Durante a História, houve participação de vários homens diferentes que não só foram estudiosos e servos do Senhor, mas também foram exemplos a serem seguidos, pois buscaram a presença de Deus e O adoraram assim como os anjos. A primeira referência aos anjos está justamente no primeiro livro da criação: o Gênesis. Quando a narrativa bíblica nos conta a respeito da criação, lê-se: *"No princípio Deus criou o céu e a terra" (Gn 1,1)*.

Esse pequeno versículo bíblico revela-nos como o mundo foi criado. Em ordem primeira, foram criados os céus e em seguida a terra. Esse Céu não é somente o cosmo, mas também a realidade espiritual e na qual os anjos vivem e caminham. Portanto, na ordem da criação os anjos foram criados antes dos homens. Por isso, eles são seres espirituais poderosos e, diferentemente de nós homens, são criaturas perfeitas. Isso não significa que eles estão longe do convívio conosco, ao contrário, com eles podemos criar um relacionamento verdadeiro e real.

Em todo mistério da criação e da salvação, iremos nos deparar com a presença desses seres maravilhosos. Os anjos estão na porta do paraíso (Gn 3,24); dão de beber ao menino Ismael e sua mãe Agar (Gn 16 e 18) e seguram a mão de Abraão para que não mate seu filho (Gn 22,12). Inúmeras vezes veremos nas sagradas escrituras a intervenção dos anjos, que levam em si mesmo o nome de Deus (Ex 23,21). Em todo o antigo testamento, vemos o patrocínio desses nossos irmãos, mas é no novo testamento que a revelação a respeito de quem são se torna mais clara.

Jesus Cristo ensina que o anjo de uma criança é intercessor junto a Deus e que o contempla face a face (Mt 18,10). Eles consolam Jesus em suas tribulações - seja no deserto (Mt 4,11) ou no Getsêmani (Lc 22,43); aparecem para as mulheres no dia da ressurreição (Lc 24,1-25) e voltarão em Glória com o Cristo em sua Parúsia (Mt 25,31).

Os anjos estiveram presentes no princípio da Igreja, libertando os apóstolos de suas prisões (At 12,5-19) e auxiliaram os primeiros evangelizadores a anunciar o evangelho (At 8,26-40). E por fim, no último livro da bíblia cristã, o Apocalipse, vemos os anjos em todas as ações do Céu sobre a Terra em profunda comunhão com Deus e os homens.

Ao terminar a revelação bíblica, constata-se ainda a presença dos anjos no seio da Igreja a auxiliar os verdadeiros adoradores. Será nos escritos dos primeiros teólogos cristãos - chamados de padres apostólicos (discípulos dos apóstolos) e padres da Igreja - que iremos encontrar referências sistemáticas a respeito deles.

Em um trecho da carta aos tralianos, Inácio de Antioquia - discípulo do apóstolo João - afirma que ele não poderia falar sobre o mistério dos anjos com eles, pois ainda faltava maturidade espiritual e intimidade para entender tão grande verdade. Ele assim afirma:

> *Poderia eu vos escrever sobre as coisas celestes? Temo, porém, fazer-vos mal, pois ainda sois crianças. Perdoai-me. Não podendo assimilar, poderíeis sofrer indigestão. Quanto a mim, embora esteja acorrentado e me seja possível conceber as coisas celestes, as hierarquias dos anjos, os exércitos dos principados, as coisas visíveis e invisíveis, não sou ainda discípulo. Falta-nos muitas coisas para que Deus não nos falte.[5]*

Ainda neste contexto, um discípulo do Apóstolo Pedro, chamado Clemente Romano afirma que os anjos são milhares de miríades e que estão submetidos à vontade de Deus. Diz também que ao cantarem diante do trono, proclamam que somente o Senhor é Santo. Clemente então ousa dizer que também nós podemos nos associar a eles, unindo a nossa voz a voz deles em um único canto de louvor. É a primeira vez que vemos um autor cristão afirmar que anjos e homens podem adorar a Deus juntos[6]. Claramente isso

---

5 Inácio de Antioquia, *Carta aos Tralianos*, V.
6 Ele afirma: *"Seja ele o nosso orgulho e franqueza. Submetamo-nos à sua vontade. Consideremos como toda a multidão de seus anjos, estando junto dEle, estão a serviço de sua vontade. De fato, a Escritura diz: 'Miríades e miríades estão junto dEle; milhares e milhares estão a seu serviço. E eles gritam: Santo, santo, santo é o Senhor dos Exércitos! Toda a criação está cheia de sua glória'. Também nós, na concórdia, unidos na mesma consciência, como uma só boca, chamemos a ele com*

já era implícito nas sagradas escrituras, mas foram esses homens de Deus que sistematizaram a doutrina a respeito do mundo celeste.

Muitos outros padres apostólicos citam os anjos em seus textos; mas foram os Padres da Igreja que, ao refutar as heresias de seu tempo, sistematizaram o ensino a respeito do mundo angélico.

Clemente de Alexandria (Séc. II e III: 150-215), ao comentar sobre o poder dos anjos, afirma que Deus dotou-os de uma potestade de inspirar os homens e de animá-los no caminho da peregrinação terrena, conduzindo-os e ajudando-os no percurso de sua existência física[7]. Alguns anos mais tarde, outro padre chamado Orígenes, falando a respeito da origem de tal poder, ensina a nós que os anjos por si mesmos não possuem potestade alguma, mas o que são depende única e exclusivamente de Deus, que lhes conferiu tal graça[8].

Sendo assim, temos que ter consciência de que os santos anjos não são possuidores de poder algum,

---

insistência, a fim de que tenhamos parte nas suas grandes e magníficas promessas. Ele, de fato, diz: 'Nenhum olho viu, nenhum ouvido ouviu, e não entrou no coração do homem aquilo que Deus preparou para aqueles que o esperam.'" CLEMENTE ROMANO, EPÍSTOLA AOS CORÍNTIOS, XXXIV 5-8.
7 Cf. CLEMENTE DE ALEXANDRIA EM OS ESTROMAS DAS MISCELÂNEAS, NOS PADRES PRÉ-NICENOS, VOL. 1, P. 518.
8 Cf. ORÍGENES, SOBRE OS PRINCÍPIOS, VIII, 265-266.

assim como nós também não somos. Apesar disso, juntos participamos do poder de Deus, e a 'participar', deve ser fundamental para entender o mistério da intercessão e cuidado da parte desses nossos irmãos. O que quero dizer é que eles dependem totalmente de Deus e é exatamente isso que faz toda a diferença. É por isso que eles cantam: *"O Louvor, a glória, a sabedoria, a ação de graças, a honra e o poder pertencem ao nosso Deus pelos séculos dos séculos. Amém!"* (*Ap 7,12*).

Uma vez que entendemos tal realidade, chegamos também à conclusão que a presença angélica em nossas vidas não é de caráter passivo, mas ativo, constante, real, quase palpável. Você pode perguntar-me: mas como posso perceber a presença deles? Deixaremos esse assunto para outra reflexão. Entretanto, posso adiantar-lhe que se você abrir seu coração para o Senhor e entrar em relacionamento com Ele, não será difícil perceber a presença desses nossos irmãos adoradores e servos.

Dentre todos os padres da Igreja que podemos citar a respeito dos anjos, encontramos um em particular que nos chama a atenção. Ele foi um escritor cristão do VI século, provavelmente um monge. Escondeu-se com um pseudônimo de Dionísio, o Areopagita, em referência ao Dionísio convertido pelo apóstolo Paulo no areópago de Atenas (At 17,34). O autor influenciou toda a teologia oriental. Considerado santo pela igreja, ele desenvolveu a doutrina a respeito dos anjos à luz das sagradas escrituras e de sua influência grega neoplatônica.

Sua teologia mística tornou-se a base da teologia grega-bizantina e influenciou também o ocidente e, de modo especial, Gregório Magno e em seguida Tomás de Aquino. Em sua obra "A Hierarquia celeste", o autor criou a doutrina da hierarquia celeste. Sua obra foi tão determinante para a compreensão do mundo angélico, que até hoje é usada como referência para falar sobre a realidade celestial dos espíritos invisíveis criados por Deus.

Para o Pseudo-Dionísio, os anjos são seres espirituais de pura essência, privados de corpo e matéria, mas que unidos a Deus estão em comunhão com homens por meio do serviço prestado por vontade divina. Ele organizou os anjos em nove coros divididos em três hierarquias. À luz da revelação bíblica e da tradição, a hierarquia celeste assim constitui-se:

1. **Primeira hierarquia: Serafins, Querubins e Tronos.**

2. **Segunda hierarquia: Dominações, Virtudes e Potestades.**

3. **Terceira hierarquia: Principados, Arcanjos e Anjos.**

Certamente essa "hierarquização" é um modo para refletir sobre a realidade angélica e mesmo não sendo um dogma de fé[9], a inspiração de Dionísio ilumina o nosso estudo. Todos os coros, nomeados na obra do monge oriental, encontram-se nas sagradas escrituras. Posteriormente, analisaremos cada coro celeste e veremos como é importante conhecê-los para entrar no mistério da adoração do Céu.

Por que buscar conhecer? Se cremos verdadeiramente que um dia viveremos para sempre no Paraíso, logo, conhecer a nossa próxima morada e os membros desta Cidade Santa (Ap 21,2) torna-se necessário para aqueles que desejam crescer em intimidade, amizade e relacionamento com Deus e com os seus súditos. Sim, o Céu é uma sociedade feita de Anjos e Homens[10].

Outro autor cristão muito importante que tratou a respeito dos anjos foi São Gregório Magno, que se tornou Papa de Roma. Cheio da Graça, ele exerceu o pontificado em meio a seu povo. Por intermédio da sua vida de intimidade e busca constante de Deus, o Senhor realizou milagres e prodígios na vida de outras pessoas. Foi chamado Grande (Magno), porque

---

9 Cf. G.L. MULLER, *DOGMÁTICA CATÓLICA: TEORIA E PRÁTICA DA TEOLOGIA*. EDITORA VOZES, 2015, P. 101.
10 Cf. TOMÁS DE AQUINO, *SUPER EVANGELIUM S. MATTHAEI*, 18,10, MARIETTI, ROMA, 1951, P. 1504.

fez grandes reformas na Igreja de seu tempo. Um homem místico e de muita oração, Gregório não abandonava o ensino da palavra, nem a mesa dos pobres.

Chamado de Doutor da Hierarquia Celeste, Gregório foi profundamente influenciado por Agostinho de Hipona e pelo Pseudo-Dionísio. Aquilo que vemos em suas reflexões e homilias a respeito dos anjos demonstra que sua vivência não foi uma simples teoria, mas uma experiência viva e real com esses seres celestes.

Dentre muitos fatos contados a seu respeito, um acontecimento nos chama atenção. Em uma procissão no ano 591, em Roma, passando ele na frente do túmulo do imperador Adriano, viu um Anjo sobre o monumento com uma espada desembainhada da mão, em ordem de batalha. Ao ter essa visão, Gregório entendeu o auxílio de Miguel, Príncipe da Milícia Celeste, que guardava a Igreja naquele período conturbado em que vivia. Até hoje, esse lugar em Roma atrai turistas de todas as partes. É o castelo de Sant'Ângelo.[11]

Ao ter contato com o catolicismo oriental de seu tempo, ele foi capaz de sintetizar a teologia do Pseudo Dionísio, bem como os ensinamentos dos pa-

---

11 GREGÓRIO MAGNO, *OBRAS*. A. MELQUIADES, INTRODUÇÃO a. BAC, MADRID, 2009, 71-72.

Castelo de Santo Ângelo (em italiano: Castel Sant'Angelo)
(Foto: Niccolò Chiamori, Unsplash)

dres gregos daquele tempo. Neste ponto da leitura, você pode estar se perguntando: mas por que não temos acesso a esses escritos e ensinamentos? Como pode se passar tanto tempo e encontrarmos poucos escritos a respeito dos nossos irmãos do Céu? Eu tenho uma resposta a essa pergunta.

Antes de tudo, não podemos esquecer que os santos anjos são seres criados por Deus. Sendo assim, o olhar da Igreja está voltado para o centro da nossa vida que é o próprio Deus, Uno e Trino. Portanto, a atenção da teologia sempre foi voltada para Deus enquanto seu centro de estudo e de busca por conhecimento. Sendo assim, podemos dizer que o mistério dos anjos foi deixado em segundo plano, mas nunca negado.

Por qual motivo, no tempo dos grandes padres da igreja, buscou-se sintetizar a doutrina a respeito deles? Justamente para poder engrandecer a Deus, que se bastando a si mesmo, quis por amor chamar à existência todas as coisas e, de modo particular, dotando de razão duas de suas criaturas: os anjos e os homens. Portanto, quando falamos de anjos é quase impossível não os relacionar com Deus e com os homens.

Posso dizer-lhe que, ao estudar esse assunto, chego à seguinte conclusão: no centro de toda a criação existe um vínculo intrínseco da parte de Deus com seus anjos e conosco. Por isso, é extremamente necessário falar dos anjos de Deus nos tempos atuais, uma vez que eles são seres pessoais, dotados de inteligência superior a nossa e estão em profunda relação com Deus e conosco. Ter os anjos em nossas vidas é a certeza de que o Paraíso existe. Saiba, com certeza, que além do bom Deus você terá a convivência dos eleitos e dos anjos de Deus em uma harmonia que durará para sempre.

Talvez, diante dessas afirmações, você imagine que tudo isso é algo que viveremos depois da nossa partida deste mundo; mas devo esclarecer-lhe que, com a encarnação do Verbo de Deus, que uniu Céu e Terra - mundo invisível e visível - já não existe distância entre seres celestes e seres terrestres. O Céu não se inicia depois da nossa morte! Não! O Céu é aqui. Ele começa no agora, nas escolhas que você faz no momento presente.

Sim, é no percorrer deste vale de lágrimas que podemos transformar nossas tribulações em momentos de Paraíso com a esperança de dias melhores. A beleza de tudo isso é que você, além da plenitude do auxílio da Graça, pode contar com o auxílio dos anjos, que nunca nos abandonarão no caminho.

Portanto, essa é a síntese do ensinamento dos

primeiros cristãos. Eles acreditavam firmemente nesta convivência. Ao escrever seus tratados, os santos padres quiseram deixar um legado de ensino para que não nos perdêssemos em teorias vazias e falsas. Existe, irmãos, uma bússola e um tesouro escondido nestes 2000 anos de história da Igreja que devemos, sem medo, redescobrir.

Depois de Gregório tivemos ainda São Máximo Confessor e Santo Anselmo, mas foi Santo Tomás de Aquino que cuidou em sistematizar e sintetizar o estudo de todos os escritores cristãos anteriores a ele.

Santo Tomás de Aquino foi um homem extraordinário em seu tempo. Nascido no ano de 1225 e morto em 1274, tornou-se a grande referência para a teologia e filosofia da Idade Média e para os cristãos dos dias atuais. Ele não foi somente um homem dotado de uma inteligência e sabedoria extraordinária; ele foi, sobretudo, um homem de oração, de adoração e de intimidade com o Senhor. Prova disso é que entrava em êxtase quando estudava sobre os mistérios divinos e foi justamente nessa intimidade com o Senhor que escreveu a *"Summa Theologica"* e outras obras[12].

A intimidade que Santo Tomás criou com os

---

12 Cf. J. AMEAL, *SÃO TOMÁS DE AQUINO; PORTO*, LIVRARIA TAVARES MARTINS, 1956; 143-145.

anjos foi tão forte que a Igreja lhe atribui o nome de *"Doutor Angélico"*, justamente pela capacidade de síntese e de profundidade que teve ao tratar sobre as essências celestiais em suas obras e escritos.

Talvez você esteja perguntando-se o que me leva a citar estes autores e qual é a minha intenção em apresentar-lhe a experiência deles... Faço isso com a intenção de poder despertar seu coração para a verdade de fé que passa também pela experiência humana. O fato de que esses homens escreveram e conheceram a realidade espiritual angélica faz com que o nosso estudo seja cada vez mais autêntico e embasado.

Seguindo os ensinamentos desses gigantes da fé, a Igreja - por meio do magistério, das sagradas escrituras e da tradição - jamais negou a existência desses seres espirituais. Ao contrário, sempre professou que eles são seres pessoais, individuais e que, devido à comunhão com Deus, estão profundamente em união conosco por meio da vida batismal.

O que quero dizer com isso? Que para o ensino perene da Teologia, existe um lugar em que você poderá também encontrar os anjos. Que lugar é esse? Na Igreja e ao lado de cada fiel batizado. O Catecismo da Igreja Católica leva-nos a uma profunda reflexão ao ensinar que os anjos de Deus estão presentes na vida de cada fiel[13]. Nessa linha, encontraremos vários documentos, sobretudo na história dos santos, em que veremos a ação dos anjos no auxílio da vida de cada um desses grandes homens e mulheres que mudaram a história. Sobre isso trataremos mais à frente.

Uma vez que tivemos a consciência que os anjos são seres reais, pessoais e que desejam se relacionar conosco, como explicar esse relacionamento, se eles são espíritos? Você será surpreendido com o que descobrirá agora a esse respeito!

1.1 Os Anjos são criaturas como você

Muito se tem perguntado a respeito da existência desses nossos irmãos. Quem são? Qual natureza possuem? Podemos verdadeiramente nos relacionar com eles? Na verdade, estas perguntas não pertencem somente à realidade do nosso tempo. Elas estão na origem da compreensão humana sobre o sagrado e transcendência que nos leva a desejar e buscar as coisas do alto (Cl 3,1-4).

Ao longo da história humana, os homens sempre intuíram que seres espirituais viviam, em meio a eles. Desde os grandes mitos até a alvorada das religiões e culturas. Saber que espíritos protetores, guias e amigos estão por toda parte, nunca foi novidade

---
13 CATECISMO DA IGREJA CATÓLICA, 334.

para os nossos antepassados.

Mas é justamente aqui que podemos nos confundir quando tratamos dos anjos e das realidades espirituais. Para a concepção judaico-cristã, os espíritos celestes, nunca foram interpretados como deuses menores ou de alguma forma espécies de demiurgos, isto é, mediadores entre Deus e a Criatura. Desde o princípio, as religiões monoteístas, isto é Judaica, Cristã e até mesmo Islâmica. Sempre entenderam que os anjos são criaturas celestes tendo a Deus como seu Criador e princípio.

Portanto os anjos tiveram uma causa primeira, isto é: um início, bem como também nós seres humanos o tivemos. Somente Deus é eterno, sem causa, princípio e fim. Entretanto Ele, em sua perfeição, antes da criação do mundo, chamou a existência estes seres celestiais superiores em perfeição a nós. Quando falamos desse princípio, me refiro a doutrina cristã que entende Deus como Aquele que, chamou a existência tudo o que não existia antes. Foi simplesmente por Sua vontade e Amor que toda a criação veio existir. Sem Ele nada poderia ser.

Desde o início, os primeiros cristãos já declaravam a existência de um único Deus e fora Dele não há ninguém. Que Ele é o princípio e a causa das coisas criadas, sejam elas visíveis e invisíveis (Cl 1,16). As invisíveis, se referem a realidades celestiais, que para nós ainda é um mistério revelado em partes, mas que veremos na plenitude no dia em que adentrarmos as portas do Éden perdido (1Cor 13,12).

Foi com sua força Onipotente que Deus chamou a existência as criaturas espirituais e aquelas dotadas de matéria. Preste atenção, porém! Todos os seres animados criados no mundo visível (cosmo), possuem vida, como, por exemplo, os do reino animal e vegetal. Aqui existe a vida chamada *bios*, que é a vida vegetativa que terminará com a morte.

Mas, de todos os seres criados no mundo visível, o ser humano se destaca, por não pertencer somente e meramente a esta realidade material e finita. Mas, em sua essência, ele mesmo possuindo a matéria, é dotado de espírito e alma. O que isso quer dizer? Que você não foi criado somente para terminar seus dias nesta terra.

Deus te criou para que você possa viver para sempre, e nunca sozinho, mas em Sua companhia. Ora o Céu o que é? Eu terei a ousadia de dizer, o Paraíso é uma família reunida em torno do Trono do Pai que nos amou desde toda eternidade. Essa família é constituída de Homens e Anjos. Portanto, como os pais são a causa de seus filhos, assim Deus é a causa da existência dos anjos e dos homens.

A este respeito, no ano de 1215, em Roma, a Igreja Católica Romana do Ocidente, no IV Concílio do Latrão (12º Ecumênico), reunida para definir o dogma sobre a criação do mundo, dos anjos e da humanidade, declarou:

> *Cremos firmemente e confessamos sinceramente que um só é o verdadeiro Deus [...] único princípio do universo, criador de todas as coisas visíveis e as invisíveis, espirituais e materiais, que com sua força onipotente desde o princípio do tempo criou do nada uma e outra criação: a espiritual e a material, isto é, a angelical e a mundana; e, depois, a humana, de algum modo comum, constituída de alma e de corpo [...]*[14].

A síntese da proclamação de Latrão coloca em evidência a natureza humana e a angélica. Se por um lado o ser humano é dotado de matéria e espírito, os anjos são espíritos puros, dotados de intelecto, vontade e liberdade. Mas, se você refletir, verá que, apesar da realidade visível da nossa criação, dentro de cada homem e mulher nesta Terra, possui em si mesmo, a realidade espiritual que o faz naturalmente auxiliado pela graça a se relacionar com o mundo invisível.

Portanto, os anjos e os homens frutos do mesmo criador, foram chamados a se relacionar, em pri-

---
14 DENZINGER-HÜNERMANN, 800

meiro lugar, com o próprio Deus, Uno e Trino. Por sua vez, ao ter o Senhor como fonte de vida e centro da sua adoração e relacionamento, anjos e homens se encontram no mesmo lugar todas as vezes que se colocam na presença de Deus.

1.2 Quem são os anjos e qual a relação que temos com eles?

A palavra anjo vem do latim angelus, e por sua vez do grego: ἄγγελος (ángelos), que significa, em sua etimologia, mensageiro ou porta-voz. A existência dos anjos se constitui para nós uma verdade de fé, isto é, faz parte do patrimônio doutrinal da Igreja[15].

Se, por um lado, naturalmente todos nós acreditamos na existência desses seres celestiais e de natureza espiritual. Muitas vezes, porém, temos a dificuldade de nos relacionar com eles e até mesmo de nos lembrar da sua presença sempre solicita a nos cuidar e proteger. Mesmo sendo mais perfeitos de toda criatura carnal, os anjos não estão longe de nós. Ao contrário, ao criá-los o Senhor os colocou não somente a nosso serviço, mas também em comunhão conosco.

À luz do mistério da revelação divina, os anjos ocupam um lugar singular na própria criação e na história da salvação. Se, por um lado, eles possuem

---
15 CATECISMO DA IGREJA CATÓLICA, 328.

a missão de anunciadores, e de enviados do Altíssimo, por outro, eles devem ser entendidos como seres pessoais, dotados de vontade e de liberdade. Sendo assim, podemos então entrar em relação com eles, à luz da dimensão da comunhão dos santos, que, na verdade, mesmo sendo peregrinos nesta Terra, e neste vale de lágrimas, somos já cidadãos do Céu[16].

A existência dos anjos em nossa vida deve ser para nós a prova do zelo e do cuidado de Deus, que, sabendo desta nossa peregrinação terrestre, nos concede a assistência da sua Graça. Uma vez que a essência do Deus cristão é trinitária, isto é: Deus é relação de três pessoas distintas, e que nesta distinção, a unidade reside em sua natureza que é uma e trina. Assim sendo, esse mesmo Deus é uma família de três pessoas que se relacionam eternamente, na sua imanência desde toda a eternidade. Ele que então é Ágape puro e total doação de si, ao querer comunicar esse Amor, chama a criação de todas as coisas. É justamente nesse eterno *"sair de si"*, que Deus cria alguém diferente Dele e o chama a comunhão e relação Consigo.

A respeito da criação, tem-se uma hierarquia de ordem natural. Tal podemos já entrever no texto sagrado no primeiro livro da *Torah*: *"No princípio, Deus criou o céu e a terra"*, Gn 1,1. Sendo assim, se entende

---
16 CARTA A DIOGNETO, V.

que antes de criar o mundo, Deus criou o céu e tudo o que nele possui. Então, segundo a inspiração bíblica e à luz da revelação divina, podemos entender que os anjos foram as primeiras criaturas de Deus.

Para isso, torna-se necessário e útil, a cada um de nós, buscarmos dentro da sagrada escritura e da tradição entender quem são, como foram criados, e qual a sua relação conosco.

Em primeiro lugar, devemos diferenciar a palavra anjo que significa mensageiro, da palavra espírito. Então, por sua vez, devemos saber distinguir o conceito de função e de natureza[17].

Ora, ser mensageiro e enviado de alguém, se constitui um ministério ou função. Portanto, quando a sagrada escritura e a tradição nos falam de anjos, essas nada mais e nada menos afirmam que eles são ministros da glória de Deus, que, por vontade divina, buscam incessantemente, por pura bondade, se comunicar conosco.

Destarte, de tempos em tempos, a começar do Antigo Testamento, até o Novo, e, por consequência, na história da Igreja, os santos anjos terão a missão de preparar, anunciar, e trazer também a mensagem divina, diretamente dos mais altos céus, aos mais baixos

---

17 TOMÁS DE AQUINO, *SUMMA THEOLOGICA,* Q 50, A.1.

dos homens. Evidentemente, como disse acima, estamos então falando aqui da função dos santos anjos.

A segunda distinção que temos que fazer então é sobre a sua natureza. Qual é a natureza dos anjos? Por natureza, entendemos a essência dos seres. Nesse sentido, Santo Agostinho sintetiza a distinção entre a função e a natureza das criaturas celestes:

> *Anjo (mensageiro), é designação de encargo, não de natureza. Se perguntares pela designação da natureza é um espírito; se perguntares pelo encargo é um anjo, é espírito por aquilo que é, é anjo por aquilo que faz.*[18]

Tal distinção se torna fundamental quando falamos da relação entre pessoas. Vou dar um exemplo. Imaginemos que toquem a sua campainha. Você abre a porta e vê o carteiro que chegou para lhe entregar uma correspondência. Ora, em um primeiro impacto, você está abrindo as portas para o carteiro que veio fazer um trabalho. A relação que posso ter com o carteiro enquanto funcionário dos correios é diferente da relação com o carteiro pessoa. Imaginemos que ele é um conhecido seu.

Portanto, ao primeiro momento, você poderá receber a encomenda e em seguida convidá-lo a entrar. Veja, o carteiro então se torna para você uma

---

18 AGOSTINHO, *Comentário aos Salmos*, 103, 15.

pessoa de casa. E, então, já a sua função não é mais importante, porque diante de você está o amigo, logo, ele é uma pessoa e não uma função. O mesmo exemplo serve para o teu anjo. Ele é um mensageiro, mas por trás da roupagem de arauto do Rei está um ser, espiritual sim, mas que possui uma personalidade, singular e livre[19].

Por conseguinte, aquilo que temos de entender é que, se mudamos o nosso olhar em relação aos nossos anjos, e entendemos que eles podem se colocar em relação conosco, então poderemos, de uma vez por todas, descobrir que podemos entrar em amizade e comunhão com eles. Mas, como isso é possível?

A resposta a essa pergunta, reside no fato que também nós, que somos criados a imagem e semelhança de Deus (Gn, 1,26-27), e por sua vez nos distinguimos de todos animais irracionais, possuímos então aquela centelha divina, que nos faz ser também seres pessoais e racionais[20]. Veja que belo tudo isso. Somente duas pessoas conseguem se relacionar e entrar em comunhão. Sendo assim, pela razão, vontade e liberdade que somos dotados, podemos entrar em relação com o mundo celeste e divino, onde os santos anjos vivem e se movem.

---

19 PIO XII, *Carta Encíclica Humani Generis,* 26.
20 JOÃO PAULO II, *Carta Encíclica Veritatis Splendor,* 59.

Pois é, existe em você uma realidade espiritual que te faz ser desta Terra, mas ao mesmo tempo do Céu. Essa verdade de fé, a encontramos ainda no livro de Gênesis capítulo 2,7: *"Então o Senhor Deus modelou o homem com a argila do solo, insuflou em suas narinas um hálito de vida e o homem se tornou um ser vivente"*. Essa imagem e semelhança, que está na essência do próprio ser humano, o coloca em relação com o seu criador, em Jesus Cristo, o único filho de Deus, que, na sua encarnação, nos tornou filhos Nele, para a glória do Pai que está nos céus.

Logo, sentimos saudade também de estar em Deus. Por isso que, mesmo na fragilidade da matéria, da carne fraca, podemos sempre, por essência natural, entrar em comunhão com o nosso Amado Criador, que nos amou ainda quando éramos pecadores entregando-nos o seu Filho, para nos fazer herdeiros da sua casa e da sua família celestial (Rm 5, 8).

1.3 Somos irmãos de anjos

Você já parou para pensar que um dia todos nós iremos pisar no lugar em que os anjos caminham? Você sabia que cada canto, cada oração, cada lágrima e cada gemido dado neste mundo, no Céu se escuta, e tudo isso se torna como um agradável louvor a Deus? E, ao mesmo tempo, o mistério do amor divino, é que, Ele na sua infinita misericórdia, ordena aos seus anjos que te conduzam pelo caminho e não tropeces, na longa jornada da vida (Sl 91,11).

Sobre este tema São Bernardo nos diz:

> *Deus mandou os seus Anjos, para que te guardem em todos os teus caminhos. Deem graças ao Senhor pela sua misericórdia e pelas suas maravilhas em favor dos filhos dos homens. Deem graças e digam entre os gentios: Grandes coisas fez por eles o Senhor. Senhor, que é o homem para vos dardes a conhecer a ele? Ou por que motivo pensa nele o vosso coração? Pensais nele, sois solícito para com ele, tendes cuidado dele. Finalmente enviais-lhe o vosso Unigénito, infundis lhe o vosso Espírito, prometeis lhe a visão do vosso rosto. E para que nenhum dos seres celestiais deixe de manifestar solicitude para conosco, enviais os espíritos bem aventurados para que nos sirvam, nos guardem e nos guiem.*[21]

Na visão então de São Bernardo, os anjos participam, do mistério da salvação. Eles são enviados a nos auxiliar, ao longo do caminho, e assim como eles são chamados, em servir, obedecer e fazer a vontade de Deus, nós somos chamados a cada vez mais a nos tornar parecidos com o rosto de Deus manifestado aos homens em Jesus Cristo. Então, os santos anjos, nos

---

21 SÃO BERNARDO, ABADE, *Sermo 12 in psalmum Qui habitat*, *3.6-8*, Opera omnia, Edit. Cisterc. 4 [1966] 458-462 (Sec. XII).

auxiliam, a fazer e realizar em nós a vontade de Deus, a partir de uma adesão voluntária da nossa alma e disposição da graça divina derramada em nossa alma.

Mas, como alguém pode auxiliar outro, ou o necessitado, deixar-se ser socorrido por alguém, se não existe contato real, relação, diálogo, exortação e cuidado? Ora, se afirmamos que os anjos, são nossos irmãos e servos, logo temos que concordar logicamente, que eles, ao estar em comunhão conosco, desejam ardentemente, não somente nos servir, como herdeiros do Pai, mas desejam se comunicar, em gestos, e em ações. Mas, como reconhecer isso?

Voltamos então ao capítulo 1,27 do livro do Gênesis, que nos explica que Deus, soprou o seu *Ruah* em nós. A centelha divina, a vida de Deus, que nos faz transcender desta vida de vale de lágrimas, e nos torna membros, cidadãos do Céu por meio do batismo, faz sim que possamos então ter a dimensão espiritual como o tem os anjos e santos no paraíso.

Veja, somos e fomos criados para nos relacionar com Deus. Deus é Espírito, e, para isso, temos que, como nos ensina Jesus, nos relacionar também em Espírito e em verdade (Jo 4,23), com Ele. Então o que dizer? A relação com os anjos, está ligada e fundamentada, na relação com Deus, que é a vida dos anjos e dos homens.

Faço outra analogia para podermos entender melhor a reflexão. Imagine um oásis no meio do deserto africano. Uma fonte de água límpida e viva. Cheia de peixes e de árvores frutíferas em volta. O que acontece? Todos os animais, de várias espécies diferentes, se dirigem para esta fonte, e bebem da mesma água, que dela jorra. Eles são diferentes, possuem naturezas diferentes, mas existe um ponto entre eles em comum: SEDE. Ora necessidade de beber a água da fonte é questão de vida ou morte.

Por isso, presas se arriscam em beber na mesma fonte onde bebe o predador. Ora, o que quero dizer com isso? Quero somente dizer que analogicamente, também nós e os anjos bebemos da mesma fonte, mas com uma diferença dos animais da savana: somos irmãos, somos feitos diferentes, de naturezas diferentes, em graus maiores e menores, mas, que carregamos uma sede dentro de nós, que nos impele a beber para viver. Esta sede se chama Adoração. Por isso, diz ainda o Senhor para nós: *"Do seu interior jorrarão rios de água viva"* (Jo 7,38). O que quer dizer Jesus com isso? Que aquele que se aproxima Dele com sede se torna rio de adoração.

Então, a sede que temos é de estar na presença do Altíssimo, e, ao mesmo tempo, como crianças, necessitamos da presença do nosso Pai. Existe uma necessidade essencial na nossa vida, ela se chama Deus.

E como se adora? Em silencio, deixando a alma gritar de amor[22]. Ora, se Jesus nos ensina que os adoradores se tornam fontes de água que flui do interior, Ele está nos ensinando que a adoração que não vem de dentro para fora, não é adoração de verdade, mas somente um sincretismo e uma superficialidade no relacionamento.

Neste sentido, aprendemos que os anjos possuem dentro de si, aquele amor abrasador que, ao fim, comunicam aos demais e a nós. Todos nós, seres racionais, anjos e homens, somos, portanto, chamados a entrar em relação com Deus. Essa relação é pautada pela experiência de silenciar e ouvir a voz do Amado, que chama vem (Ct 2,8-17). Sim, os anjos que estão diante do Amor supremo isto é o próprio Deus, são abrasados e ao mesmo tempo desejam ardentemente este amor[23].

O que podemos concluir de tudo isso até o momento? Antes de qualquer coisa, que, enquanto católicos, acreditamos em uma comunhão de amor entre Céu e a Terra, que não acaba com a morte, mas ao contrário ela hoje é real, ainda nesta vida, e terá a sua plenitude na eternidade. Existe a comunhão dos santos, esta é a nossa fé. Comunhão não é um conceito teórico, mas prático e real, uma vez que o nosso Deus,

---
22 GREGÓRIO NAZIANZENO, *CARMI*, 29 (PG 37, 507).
23 PSEUDO-DIONISIO, *HIERARCHIA CELESTE*, XV, p. 40.

Uno e Trino é a comunhão entre Três pessoas, e ao mesmo tempo Ele se comunica a si mesmo aos outros e faz que suas criaturas angélicas e humanas, comuniquem-se entre si formando assim uma sociedade, uma família. A este respeito Santo Tomás de Aquino, chamado de Doutor Angélico escreveu: *"Existe uma só sociedade: a de Anjos e Homens"*[24].

Nesse sentido, ao falarmos de anjos, temos que, antes de mais nada, entender que estes seres espirituais foram como nós, criados e orientados para Deus como disse acima. Isso quer dizer que na nossa essência existe, naturalmente, o desejo e a orientação para buscar o rosto de Deus e adorar Sua Majestade. Gosto de uma definição que o Papa Bento XVI deu em relação à natureza e missão dos anjos, e para mim esta definição sintetiza o primeiro volume da nossa trilogia. Ele afirma:

> *Mas o que é um Anjo? A Sagrada Escritura e a tradição da Igreja deixam-nos entrever dois aspectos. Por um lado, o Anjo é uma criatura que está diante de Deus, orientada, com todo o seu ser para Deus. Os três nomes dos Arcanjos terminam com a palavra "El", que significa "Deus". Deus está inscrito nos seus nomes, na sua natureza. A sua verdadeira natureza é a existência em vista d'Ele*

---

[24] TOMÁS DE AQUINO, *SUPER EVANGELIUM S. MATTTHAEI*, 18,10, MARIETTI, ROMA, 1951, 1504.

> *e para Ele. Explica-se precisamente assim também o segundo aspecto que caracteriza os Anjos: eles são mensageiros de Deus. Trazem Deus aos homens, abrem o céu e assim abrem a terra. Exatamente porque estão junto de Deus, podem estar também muito próximos do homem.*[25]

Veja bem. Os anjos estão na presença de Deus. Essa verdade deveria encher o nosso coração de alegria. Você já parou para pensar que o seu anjo da guarda, por exemplo, tem acesso livre ao Trono de Deus? E que, ao dirigirmos as nossas orações a eles, eles, entre si e com Deus, falam sobre nós? Tal constatação é poderosa. Ela nos dá a certeza de que homens e anjos encontram em Deus a companhia verdadeira e, ao mesmo tempo, se encontram.

A presença dos anjos em nossa vida está vinculada ao fato de eles estarem em Deus. De novo voltamos para a parábola do oásis no deserto. Ao me aproximar de Deus, eu me aproximo dos anjos que estão diante Dele. Por sua vez, os anjos ao se aproximarem do Trono, me encontram, e assim homens e anjos, cantam juntos que Ele é o único Santo, e que possui todo o poder. No final de tudo, é Deus que está no centro da adoração do Céu e da Terra.

---

25 BENTO XVI, HOMILIA POR OCASIÃO DA ORDENAÇÃO EPISCOPAL A SEIS NOVOS BISPOS NA FESTA DOS ARCANJOS MIGUEL, GABRIEL E RAFAEL, ROMA, 29 DE SETEMBRO DE 2007.

A este ponto podemos perceber que os anjos são seres espirituais, mas que podem e desejam se relacionar conosco que possuímos, por natureza, a imortalidade da alma assim como também a possuem os anjos. Em Deus, existe então uma ligação profunda entre as realidades invisíveis (aquela dos anjos) com as visíveis (a dos homens) a partir do momento em que pelo mistério da encarnação do Filho de Deus todas as coisas foram unidas Nele e para Ele.

Entre essas, a nossa realidade terrena foi unida com a realidade celestial em que os santos anjos habitam. Se, com Tomás de Aquino, aprendemos que somos uma única sociedade, logo podemos afirmar com certeza que anjos caminham conosco e fazem parte da nossa vida.

Mas, o que dizer dos três primeiros coros da hierarquia celeste? É possível que eles também estejam presentes em nossas vidas? Tudo isso veremos ao longo do livro descobriremos como podemos aprender com estes irmãos que estão mais próximos do Trono de Deus e como eles se relacionam com o seu Criador e conosco.

Desejo que fique muito claro para você. Mesmo se os anjos de Deus forem espíritos puros, isto não significa que estão distantes de nós, ao contrário, eles foram criados para entrarem em relação com seu criador e com os outros anjos e, sobretudo, com os homens. Logo, todos anjos do Céu, anseiam ter você como membro da família celeste.

Uma vez que tratamos da realidade existencial e essencial dos anjos e dos homens, podemos agora no perguntar: como os anjos vivem e são organizados? Para isso será necessário entender como é a vida no Céu. Mas, antes de tudo, vejo necessário, fazer referência a verdade de fé do tesouro da tradição cristã, que é a dimensão da comunhão dos santos e anjos.

CAPÍTULO 2

A Comunhão dos Santos e os Anjos

Inicialmente, iremos nos debruçar em uma antiga tradição cristã que remonta aos primórdios dos primeiros cristãos: a teologia da comunhão dos santos. Certamente, essa doutrina está ligada ao mistério da Igreja enquanto corpo de Cristo, que por meio do mistério da encarnação, morte e ressurreição do Filho de Deus, constitui em si um corpo, cujos membros têm uma unidade indissolúvel, a partir do batismo.

Uma vez que a vida eterna foi manifestada em nossa morte (1Jo 1,2) por meio da manifestação do Verbo Divino, Deus, em sua infinita bondade e amor, quis que as realidades visíveis e invisíveis voltassem à comunhão perdida com Adão em sua queda no Paraíso. Se outrora o Homem no Éden andava na presença de Deus a tal ponto de escutar seus passos no jardim (Gn 3,10), por sua livre e espontânea vontade esse mesmo homem, criado a imagem e semelhança de Deus, renunciou àquele lugar secreto onde ao entardecer podia se encontrar com o Amado de sua alma.

Apesar disso, Deus não desistiu de buscar a face do homem, desfigurada e ferida pelo pecado; ao contrário, Ele manifestou-se inúmeras vezes desde o antigo testamento buscando - a partir a aliança feita com Abraão e seus filhos (Gn 12) - restituir a comunhão perdida. Mas, foi na plenitude dos tempos que Ele veio em pessoa, por intermédio de seu único Filho, para reconduzir o homem para casa.

Dessa vez, Ele não veio colocar o homem no centro do Paraíso como na primeira criação. Sabendo que esse poderia se esquecer da promessa, Deus enviou seu Filho que assumiu a nossa história, nossa carne e nossos pecados, para que pudéssemos entrar com Ele, Nele e para Ele, naquele lugar perdido que outrora era fora de nós, mas que, em Jesus, estabeleceu-se dentro de cada um dos batizados que creem em seu nome. Sim, o Paraíso foi colocado dentro de você! Sabe por quê? Porque Cristo vive em ti! A esse respeito, um antigo padre da Igreja afirmou:

> *Pela comunhão com Ele, o Espírito Santo torna-nos espirituais, recoloca-nos no paraíso, reconduz-nos ao Reino dos céus e à ado-*

ção filial, dá-nos a confiança de chamar Pai a Deus e de participar na graça de Cristo, de ser chamados filhos da luz e de tomar parte na glória eterna.[26]

O princípio da comunhão dos santos reside na certeza de que onde quer que estivermos, somos inabitados por Deus por meio do dom do seu Espírito Santo derramado em nossos corações, que nos faz reconhecer a paternidade divina em Jesus (Gl 4,6).

Foi o apóstolo Paulo que, pela primeira vez, sintetizou essa verdade de fé, ao comparar a comunhão dos membros da igreja a um corpo que mais tarde ficaria conhecido como Corpo místico de Cristo. Ao comparar os membros do corpo, ele demonstrou que cada fiel, independentemente de onde estiver, encontra em Cristo a síntese da unidade e da comunhão, pois Ele é a cabeça do corpo e cada fiel batizado é seu membro. Nesse sentido, ele afirma:

> *Assim como cada um de nós tem um corpo com muitos membros e esses membros não exercem todos a mesma função, assim também em Cristo nós, que somos muitos, formamos um corpo, e cada membro está ligado a todos os outros. (1 Cr 12, 12-14).*

É justamente essa ligação entre os membros es-

---

[26] São Basílio Magno, *Liber de Spiritu Sancto* 15, 36: SC, 17 bis. 370 (pg. 32, 132).

palhados no mundo, seja ele físico ou espiritual, que nos torna em Cristo parte de um todo, isto é, de toda a sua Igreja. Foi com base nisso que os primeiros cristãos sempre acreditaram que existe um laço inquebrável entre aqueles que estão unidos a Cristo. Esse laço é tão forte que nem mesmo a morte é capaz de quebrá-lo.

Isso é tão real que, no livro do Apocalipse, o apóstolo João - em sua visão na ilha Patmos - viu os homens e mulheres que perseveraram apresentando-se diante do cordeiro, cantando um canto novo misturados aos anjos (Ap 7, 9-17). É uma multidão de povos e línguas que ninguém podia contar. Veja o detalhe: a oração deles une-se à oração e ao louvor dos anjos de Deus que estão em torno do trono do Cordeiro.

Que belo! Essa visão e a doutrina da comunhão dos santos ensina-nos que ninguém louva a Deus sozinho, tampouco suas orações são jogadas ao vento. Muitas vezes até mesmo as suas lágrimas e seus gemidos unem-se a esse coro de homens e anjos que cantam no Céu e na Terra, ainda que lhe pareça não surtirem efeito. O que quero dizer?

Estou afirmando que as suas orações e sofrimentos nesta Terra são um louvor e um cântico que nunca foi cantado, e que um simples suspiro faz eco no coro de milhares e milhões de anjos e homens na Terra e no Céu. Não, você não está sozinho! A certeza de que cada gesto que fazemos de bem é comunicado aos outros membros, faz parte do tesouro da Igreja e de seus ensinamentos[27].

Estou lhe comunicando tudo isso para que você tenha consciência da essência que há em ti, da sua identidade, de quem és. Independente de como você encontra-se hoje, quero lhe dizer: saiba que sua solidão termina quando se torna um só corpo com cada homem e mulher na Terra, mas também com aqueles que já estão no Paraíso. Onde estão os anjos em toda essa história? Estão aqui, no meio de nós. E estão também na nossa próxima morada, isto é, a nossa pátria celeste, aonde um dia iremos com eles viver em Deus para sempre.

Ao tomarmos consciência de tal realidade, chegamos à conclusão que não podemos falar de relacionamento com os santos anjos, se não temos a consciência de que podemos entrar em relação com eles. Esse vínculo será por meio da realidade já mencionada: a comunhão que nos liga ao Céu, e pela nossa própria natureza de seres criados a imagem e semelhança de Deus. Isso faz com que carreguemos em nós a tendência natural de querer o Céu, de buscar

---

[27] COMPÊNDIO DO CATECISMO DA IGREJA CATÓLICA, 161.

a face de Deus e, ao mesmo, de relacionar-nos com aqueles que em Deus vivem para sempre.

Os anjos estão aqui justamente porque um dia Deus, em um ato de amor saindo de si mesmo, criou todas as coisas, e quando os nossos primeiros pais perderam-se no caminho, Ele veio e amou-nos por primeiro em seu Filho para que fôssemos adotados n'Ele tendo, assim, a oportunidade de vivermos em sua casa para sempre (Rm 5,1-12).

Essa casa também é habitada pelos santos anjos. De tal forma, já podemos ser considerados cidadãos daquela cidade santa e em união a eles, somos cidadãos da mesma pátria. É nesse princípio que reside o auxílio e o relacionamento que os santos podem possuir com os anjos de Deus.

Esse relacionamento é baseado unicamente na centralidade do mistério cristológico, isto é, em Jesus Cristo, nosso Salvador, que é o caminho a verdade e a vida. É por Ele que podemos ter acesso aos nossos irmãos do Céu, e eles a nós.

Uma imagem que gosto de usar para que possamos entender bem o que é a comunhão dos santos, é a de uma corrente de metal. Para que se forme a corrente é necessário que tenha gomos que se entrelacem um ao outro. Cada gomo tem sua singularidade, mas o que forma a corrente é a união entre

Um elo de Amor perpétuo que nos liga ao Céu e à Terra
(Foto: Joshua Hoehne, Unsplash)

eles que, entrelaçados e ligados, tornam-se fortes a tal ponto de poderem sustentar e arrastar estruturas muito maiores que a si mesmos.

Assim é a vida de oração entre os santos. Estamos em um elo de Amor perpétuo que nos liga ao Céu e à Terra e, portanto, faz de nós um corpo unido e inquebrável.

Uma vez que entendemos essa dimensão tão linda da comunhão que temos com o Céu, adentrarei nos pormenores de cada realidade dos anjos à luz da tradição da hierarquia celeste.

No próximo capítulo, você aprenderá sobre o modo como os anjos relacionam-se entre si, com Deus e, por sua vez, conosco. Lembremos sempre de que a imagem da hierarquia celeste não deve ser entendida somente como uma "hierarquização", mas num sentido muito maior, é sobre o modo como cada coro e cada anjo se move no Céu e na Terra.

CAPÍTULO 3

Resgatando o conhecimento dos Anjos

Ao falar dos Anjos, vamos descobrindo um pouco mais sobre o mundo Espiritual. O que antes era desconhecido a respeito da realidade desse mundo, hoje já sabemos com maior riqueza de detalhes, com os estudos e o aprofundamento em livros e literaturas no original hebraico, latim e grego.

Em nenhum momento, este livro buscará interpretar a realidade dos anjos a partir de uma ideia pessoal do autor, no sentido de entrar em meros achismos. O que desejo entregar para você é o conhecimento de uma tradição escrita e vivida nos séculos pela cultura judaico-cristã, percorrendo um caminho das sagradas escrituras até os dias atuais.

A primeira coisa que quero esclarecer é que o Céu é extremamente organizado e nada se parece com o modelo social e político que nós conhecemos. Embora até algumas coisas sejam, na linguagem bíblica, parecidas e análogas no intuito de facilitar a compreensão. Logo, falar do reino de Deus não significa que esteja vinculado a um sistema político e social, mas é baseado na relação de pessoas que se amam. Por exemplo, quando a tradição cristã professa que Deus é Uno e Trino, ela quer dizer, por meio do dado revelado, que esse Deus relaciona-se entre si e com suas criaturas. Portanto, o Reino é mais que uma organização social baseada em uma hierarquia entre seus súditos. No fim, percebemos que é sobre amor, não sobre sistemas.

Comparando o Céu a uma cidade, o livro do Apocalipse traz a nós, por meio das palavras do apóstolo João, a realidade da cidade perfeita e de uma civilização que atua como modelo para a nossa. Ao ter a visão do Cordeiro, o João chega à conclusão que o centro de vida dessa cidade é o próprio trono de Deus e do Cordeiro, que ilumina toda a Jerusalém celeste a tal ponto que não existe sol a iluminar, mas o próprio Deus sendo a luz que ilumina os cidadãos que ali vivem (Ap 21, 22-23).

Ao ver esse trono no centro da cidade do Paraíso, João recebe a revelação que essa cidade não possui um templo como era na Jerusalém terrena; era dividida em três partes, tendo a principal como os santos dos santos que era designado como o lugar secreto, onde Deus se revelava no meio das asas dos Querubins sobre a Arca da Aliança. Finalmente, não existe nenhum véu que separe Deus dos eleitos e dos anjos que ali habitam. Ele é o motivo e o sentido da adoração, da vida e da eternidade dos seus habitantes.

Portanto, a esse ponto, podemos afirmar: os anjos existem, porém eles são seres espirituais. Isso significa que não são dotados de matéria como nós, mas foram criados como espíritos puros e inteligentes conforme as afirmações já realizadas até aqui.

Ao afirmar que são espíritos e que habitam outra realidade da nossa, não estou dizendo que o mundo espiritual seja distante do mundo físico e inalcançável. Em Cristo e pelo mistério da sua encarnação, em si ele reuniu todas as coisas, isto é, Céu e Terra, as realidades invisíveis e aquelas visíveis.

Portanto, faço uma correção a toda tendência dualista de querer separar a dimensão espiritual daquela humana. Não! Em Jesus não existe separação entre céu e terra, simplesmente porque Ele assumiu sobre si as duas realidades. Ele é a Imagem do Deus invisível que se manifestou no mundo sensível (físico). Ora, o que quero dizer? Deus é humano como você e, ao mesmo tempo, é o Espírito perfeito e simples, além de ser modelo dos anjos. Então podemos afirmar que o mundo espiritual é tão real como aquele físico.

Embora não podemos vê-los, pela fé sabemos que eles existem e são seres reais que estão no Céu e na Terra. A sua presença é real em nossas vidas, seja na liturgia, seja na vida do dia a dia e, por isso, podemos contar com as suas orações e intercessão a nosso favor.

Talvez você ainda não tenha feito nenhuma experiência com os anjos, mas tenho certeza que caso você pare para refletir, encontrará momentos em que eles fizeram-se presentes ao longo da sua história. Seja de uma forma ou de outra, o teu coração está ligado aos céus, onde está o trono de Deus e, por sua vez, aonde habitam esses seres celestiais.

Portanto, embora a grande maioria de nós não possa ver os anjos - a não ser por uma graça especial - quero reforçar que os anjos estão por toda a parte. Como assim? O quero dizer? Quero somente afirmar que eles estão distribuídos organizadamente no Céu e na Terra. Eles caminham em nosso meio, batalham a nosso favor contra as hostes infernais e guardam países, nações e povos. São eles que nos levarão à presença de Deus no dia derradeiro de nossas vidas. Não se esqueça: você pode contar com eles em todos os momentos!

Milhares de pessoas deixam de se relacionar

com os anjos por não saber o modo correto de fazê-lo. Surge, em muitos corações, a dúvida: qual seria, então, a forma ideal para falar e entrar em relacionamento com eles? Diante de tanta confusão advinda dos movimentos de fontes não cristãs a respeito desses seres espirituais, pode surgir até mesmo o questionamento se é certo ou errado falar com eles e sobre eles.

Mas o que muitos, possivelmente, não sabiam até a leitura deste livro é que os anjos estão na presença de Deus, são seres que rezam e adoram o tempo todo; e nós humanos também fomos criados para a adoração e o relacionamento com Deus de forma profunda, assim como os anjos fazem. Logo, podemos afirmar que a questão a respeito da nossa relação com os anjos, está profundamente ligada à dimensão do relacionamento com Deus. Se não criamos essa relação, não poderemos nunca entender o mundo angélico, justamente porque este último está vinculado a Deus e é totalmente dependente de sua vontade.

Dentro dessa realidade, quero desmistificar a equívoca ideia sobre os anjos possuírem poderes e emanarem energias a partir de elementos naturais como cristais e pedras. Sem entrar no mérito de quem acredita nisso, temos que entender que eles são seres reais e não emanações de energias; isso os torna detentores de uma personalidade e singularidade como todos os demais seres criados. Portanto, ao fazer a analogia dos coros distribuídos nas hierarquias, veremos como cada um deles relaciona-se com Deus e conosco.

Se a atividade dos anjos de Deus é aquela de adorar profundamente o Amado, logo entendemos que cada um, na sua singularidade, adora a Deus e relaciona-se com ele à luz da sua hierarquia ou até mesmo à luz da sua personalidade. Pense, por exemplo, em você, na sua condição espiritual. Certamente, o modo como eu relaciono-me com Deus é diferente do modo que você se relaciona com Ele.

O motivo disso está no fato de que cada um de nós fomos criados de forma singular, única e insubstituível. O grande problema da pós-modernidade está no fato de que, muitas vezes, não estamos prontos para respeitar o diferente e corremos o risco de deixar-nos levar pelo coletivo e sermos formados pela massificação das pessoas.

Ao contrário disso, no reino dos céus há uma unidade que procede de Deus, em primeiro lugar, mas que está profundamente vinculada à pluralidade das pessoas divinas (Deus Trindade) e das pessoas que convivem com Deus. Logo, ao olhar para os coros dos anjos, você entenderá que cada coro adora a Deus de um jeito e de modos diferentes.

Veremos, ao longo deste livro, que, no fim de tudo, nós - que fomos criados a imagem e semelhança de Deus - somos a síntese dessa adoração e desse relacionamento que os anjos vivem no Céu.

Assim como um Serafim pode ter a força de um meteoro e queimar mais que um sol na presença de Deus, nós também podemos ter essa força no Senhor, se ajoelharmos e rezarmos; ainda que não saia uma palavra de nossa boca, nossa oração ganha força e vai diretamente ao Trono de Deus. Já parou para pensar quão poderosa é essa revelação? Quando você entra em comunhão com Deus, a oração que flui no seu quarto e, sobretudo, que sai de seu coração é tão poderosa quanto o é um canto de um Serafim.

Ao falar sobre o estado de graça de um justo e da habitação de Deus nele, Santo Tomás de Aquino chega a afirmar: *"O bem da graça de um só homem é maior que o bem natural de todo o universo"*[28].

O que o Doutor Angélico quer dizer com essa afirmação? Ele deseja expressar o quanto é grande o mistério do homem e também o mistério de Deus na vida do Homem. Logo, podemos intuir o que acima foi dito ao dizer que nós somos a síntese da adoração do Céu. Podemos queimar na presença de Deus como os Serafins. Pela fé e pela graça natural com as

---

28 TOMÁS DE AQUINO, *SUMMA THEOLOGICA,* I-II, Q.113/A.9.

quais fomos criados, buscamos conhecer a Deus como fazem os Querubins e, ainda mais, somos habitados por Ele, como são os anjos pertencentes ao coro dos Tronos.

Ainda nessa linha de pensamento, podemos afirmar que, quando dominamos a nós mesmos, assemelhamo-nos às Dominações e, ao buscar em Deus, a fortaleza nas tribulações, somos semelhantes aos anjos das Virtudes. Ao executarmos a vontade de Deus e a sua autoridade doada a nós pelo batismo, vivenciamos a experiência das Potestades. Por sua vez, ao orar e interceder pelo mundo, pela nação estamos unidos aos Principados.

Quando você cuida de alguém, intercede, assume batalhas espirituais por uma causa e, sobretudo, anuncia o Evangelho, assemelha-se aos arcanjos de Deus. E, por fim, quando você se torna um guardião do seu próximo, age como os nossos irmãos anjos da guarda.

Veja como é profundo o que estamos dizendo: você é a coroa da criação, mesmo sendo o menor de todos os seres criados. A graça que habita em sua alma faz com que aquele trono rodeado por anjos seja entronizado em seu coração.

Depois de toda essa explanação, meu desejo é que você possa mergulhar cada vez mais na revelação do mistério desses nossos irmãos que nos amam em Deus e que desejam que busquemos n'Ele o sentido único e o fim de cada escolha pessoal, para podermos cantar juntos, uníssono, as maravilhas de Deus em nossas vidas.

Movido pelo desejo de que isso aconteça, falarei sobre cada coro da primeira hierarquia celeste e as funções dos anjos no mundo espiritual, a fim de entendermos melhor como nos relacionar com eles e como podemos ser ajudados por cada um deles, na intenção de assumirmos uma condição de homens e mulheres melhores na presença do Senhor. Prepare o seu coração, pois você se surpreenderá com a beleza da vida desses irmãos celestiais!

CAPÍTULO 4

Revelação do Fogo (Os Serafins)

Um dos Serafins voou para junto de mim, trazendo na mão uma brasa que havia tirado do altar com um tenaz e com ela tocou-me os lábios... (Is 6,6-8).

Primeiros e mais próximos do Trono de Deus, o primeiro coro da primeira hierarquia celeste são os Serafins. Próximos do fogo devorador da presença de Deus, esses nossos irmãos são abrasados pelo fogo glorioso do Todo Poderoso.

A palavra serafim vem do hebraico Saraf (שרף) que, por sua vez, significa abrasar, queimar. Veja, já aqui podemos aprender com esses nossos irmãos o seguinte: eles, quando adoram a Deus, são invadidos pelo seu Amor que é tão forte a ponto de queimar, fazendo a alma do amante arder diante da presença do Amado. Portanto, esses seres espirituais estão profundamente ligados ao Ágape divino, capaz de aquecer qualquer inverno interior.

4.1 Mergulhados no fogo do Amor de Deus

Por serem mais próximos do seu Criador, possuem a graça de contemplar a glória de Deus sem vê-la. É possível contemplar a Deus sem vê-Lo? Sim, é possível; mas vamos por partes. Voltemos ao texto do chamado do profeta Isaías e, depois, debrucemos na Tradição da Igreja para entender melhor quem são esses seres maravilhosos e o que eles têm a acrescentar-nos.

Primeiramente, o profeta Isaías nos diz que esses seres espirituais possuem seis asas: com duas cobrem a face; com duas cobrem os pés e com duas voam. Essa visão tida por Isaías das asas dos Serafins ensina-nos três dimensões da adoração desse coro angélico: Profundidade, Intimidade e Liberdade.

O gesto de cobrir o rosto está ligado ao fato de que *"ninguém pode ver a Deus e continuar vivo"* (Ex 33,20). Então, ao adorarem a Deus, os Serafins, que estão no alto, cobrem a face e olham para baixo. Quem está embaixo? O homem, feito do mais baixo dos elementos: o pó da terra.

A beleza desta imagem é que, não vendo a Deus face a Face, os *seraph* contemplam Deus no reflexo Dele, impresso no Homem, que é criado a sua imagem e semelhança. Foi assim que Isaías descobriu que, mesmo sendo um homem de *"lábios impuros"* (Is 6,5), poderia ser tocado pelo fogo que o Serafim contempla.

Ao ler esse versículo de Isaías, percebo algo escondido nas entrelinhas do próprio texto. Ao ter a visão do fogo de Deus e as brasas que o Serafim recolhe, o profeta de Judá revela-nos que não existe impureza que o amor de Deus não possa purificar.

Outra análise apresentada a esse respeito é que os lábios de Isaías não são purificados pelo Serafim, mas pelo fogo que está no altar. Logo, aprendemos uma lição que deve servir para toda a vida: os anjos não possuem, como já foi dito, poder para realizar milagres e tampouco perdoar pecados. É Deus quem o faz. E a postura divina ao fazer isso não é a de um juiz sentado em seu tribunal, olhando de cima para baixo, mas de alguém que se doa totalmente.

Se afirmamos que esse fogo é o amor de Deus, precisamos considerar que a tradição bíblica e cristã sempre entendeu que Deus é amor (1Jo 4,8). Portanto, em Deus, o amor não é um sentimento, mas uma pessoa que se doa totalmente. Ele é o Sumo Bem de todos nós.

Neste sentido, Santa Ildegarda de Bigen, grande teóloga, mística e doutora da Igreja, nos elucida que o fogo em que os serafins e todos os outros anjos bons estão mergulhados não é uma energia ou um fenômeno que eles contemplam e vivem. Ao contrário, é Deus em pessoa, é Ele sem intermediador, porque Deus é Amor que queima[29].

Em outras palavras, os Serafins queimam não porque tenha algo externo a Deus que os faz queimar, mas é Deus mesmo que os envolve com o calor de seu Amor infinito.

4.2 Nossos modelos na provação

Partindo disso, ao contemplar a imagem do Serafim retirando as brasas do altar, podemos afirmar que foi o amor de Deus que purificou os lábios do profeta; não um amor gerado fora de si, mas dentro de si mesmo. As brasas ali fazem referência à *Shekinah* de Deus, isto é, sua presença em meio ao seu povo, como outrora na travessia do Mar e nos quarenta anos do deserto (Ex 15).

Assim sendo, o que podemos concluir a respeito da figura das brasas é que Deus é por nós assim como uma brasa que se consome ardentemente. Se formos adiante com a nossa imaginação, poderemos pensar o seguinte... O que há dentro da boca do ho-

---

29 Cf. ILDEGARDA DI BINGEN, *LIBER VITAE MERITORUM*, 81.

mem? A língua e, sobretudo, a saliva. Ora, se o fogo entra em contato com algo úmido, certamente se apagará. Consideraríamos então que ao tocar os lábios impuros de Isaías, o Amor de Deus consome-se; mas isso não é um num sentido negativo, pois transforma o que era impuro em puro, como o ourives no processo da purificação do ouro.

É por isso que, nas sagradas escrituras, muitas vezes, a provação é comparada a um fogo. Esse mesmo fogo purifica e dá sentido verdadeiro ao objeto que se deve purificar. Nessa linha de pensamento o autor do livro do Eclesiástico escreveu:

> *Filho, se entrares para o serviço do Senhor, prepara a tua alma para a provação, [...] tudo o que te acontecer, aceita-o, e nas vicissitudes que te humilharem, sê paciente, pois o ouro se prova no fogo e os eleitos no cadinho da humilhação [...] (Ecl 2,1-5)*

Veja, nós somos preciosos aos olhos de Deus! Você tem um valor maior que qualquer ouro e pedras preciosas que se possa encontrar (Is 13,12); mas tudo o que é precioso, antes de tornar-se algo de alto valor, passou pelo fogo e pela provação. Talvez em seu coração você tenha a dúvida do porquê tantas provações baterem à sua porta... Certamente, não são mandadas por Deus, mas possuem a graça de tornar-se para nós a oportunidade de crescimento e amadurecimento na vida. Nesse sentido, os Serafins podem interceder para nos ajudar e ensinar a nós como podemos ser lapidados por Deus.

O relacionamento com eles, portanto, dá-nos a graça de nos tornarmos verdadeiros adoradores. Não existe relacionamento verdadeiro que não passe pela prova. Um exemplo é a nossa vida do dia a dia. Quantas vezes em um momento de tribulação você pôde contar quem realmente importou-se contigo? É isso que move a nossa vida e os relacionamentos, isto é: a constância e fidelidade na amizade que temos uns com os outros.

Se um relacionamento é baseado somente por prazer e interesse[30], então não é construída uma amizade verdadeira, tampouco sincera. É interessante refletirmos que o que nos faz permanecer em comunhão com alguém é justamente quando a prova de fogo chega. Assim, também devemos lembrar-nos que a tradição judaico-cristã crê em uma batalha que aconteceu antes da criação do mundo, na qual os anjos viram-se envolvidos em escolher por Deus ou seguir os pensamentos maléficos de Lúcifer, que se tornou, juntamente com seus seguidores, um anjo caído.

Portanto, os Serafins que queimam foram também provados e purificados nesse fogo de amor. É

---
30 Cf. ARISTÓTELES, *ÉTICA A NICÔMACO*, VIII, 4, 1156B.

por amor que esses irmãos permaneceram e escolheram a Deus e não a si mesmos. Obtiveram com essa escolha a consequência de uma fidelidade eterna e de uma retribuição impagável, que é a de permanecer na presença do Rei por toda eternidade. Com eles, aprendemos que o prêmio daqueles que se deixam ser embalados por este amor é nada menos do que ter a Deus por herança (Dt 32,9).

4.3 A amizade no secreto

O segundo elemento da nossa reflexão está no fato dos Serafins cobrirem os pés. Os pés, no antigo oriente, estão profundamente ligados além do serviço à dimensão da intimidade. Ora, não é para qualquer pessoa que você mostra seus pés. Assim, até hoje, no oriente, os pés sempre estarão ligados à dimensão da descrição e do sagrado (Ex 3,5).

Um exemplo disto é: quando Jesus, estando à casa de Lázaro em Bethânia, é ungido por Maria. Ela derrama nos pés de Jesus o perfume mais caro e unge-os para a sua paixão (Jo 12,3). Logo em seguida, em um gesto de profunda humildade, o Filho de Deus lava os pés de seus discípulos (Jo 13, 1-11).

Foi tão forte esse gesto do Mestre que Pedro refutou deixar-se lavar os pés, porque ele, enquanto hebreu, sabia que tal gesto era realizado por alguém muito íntimo (Jo 13,6). Mas era exatamente isso que o Senhor queria do seu amado discípulo: intimidade profunda e não somente uma amizade que se vive na superficialidade.

Logo, os Serafins nos ensinam a dimensão da intimidade na adoração[31]. Eles cobrem seus pés dos outros anjos e dos homens, permitindo que somente Deus o possa fazer, pois Ele é aquele que *"vê o escondido"* (Mt 6, 1-6). Desse modo, aprendemos que a verdadeira adoração exige intimidade que, por sua vez, gera em nós o amor gratuito, tributado a Deus, sem esperar dos outros nenhum reconhecimento.

A intimidade doa a exclusividade no relacionamento de um para com o outro. Sobre essa dimensão, Pseudo-Dionísio nos ensina que os abrasadores não se afastam do Trono de Deus e da sua presença e, por isso, a intimidade que eles possuem com Deus dá a eles acesso aos segredos mais íntimos do Todo--Poderoso.

Um texto me vem à mente sobre a dimensão da intimidade ligada aos pés. É o texto da Ilíada de Homero ao narrar a volta de Ulisses para casa. É um texto clássico grego datado do século IX antes de Cristo. Ao contar as aventuras do grande Ulisses, Homero, nesse poema, conta-nos sobre a dimensão da

---

31 Cf. PSEUDO-DIONISIO, *HIERARCHIA CELESTE,* VII, p. 14.

hospitalidade e do serviço, quando o herói grego volta para sua esposa, ainda disfarçado de mendigo. Encontramos esse texto no XIX canto da obra poética.

Na narração da história, a serva, ao lavar os pés do forasteiro, começa a identificar, de alguma forma, semelhanças com aquele andarilho e o seu senhor. Em certo momento, ela, ao misturar a água quente e fria para lavar os pés como sinal de hospitalidade, reconhece a cicatriz na coxa e nos pés do homem. E, assim, soltando um forte grito reconhece o seu senhor.

O detalhe no texto que me chama a atenção é que Ulisses adverte-a para que guarde segredo, por medo de que sua amada Penélope descubra a sua identidade[32]. Assim, podemos concluir que na linguagem poética de Homero, os pés também estão ligados à dimensão da intimidade e do secreto.

Se trouxermos essa realidade para a nossa reflexão, poderemos também chegar à conclusão que, ao cobrir os pés, os Serafins ensinam-nos que, no relacionamento verdadeiro, existe aquilo que é secreto, que se deve guardar e há também os segredos do coração para com o amado. Como não pensar que ao olhar para os pés de nosso Senhor, não vemos a

---

32 Cf. AUERBACH, E., MIMESIS- A CICATRIZ DE ULISSES, EDITORA PERSPECTIVA, SÃO PAULO 1998, 2.

cicatriz de suas chagas em seus pés? Por isso, o lugar mais alto que um cristão deverá almejar estar na sua vida é aos pés da cruz de Cristo. Ali você encontrará refúgio seguro.

A terceira dimensão da adoração dos Serafins é a liberdade. Com as asas que lhes são superiores, eles voam. Nesse sentido, São Boaventura apresenta-nos que os Serafins ensinam-nos passar por três fases para uma verdadeira elevação e contemplação de Deus:

1. Reconhecer a finitude humana de que somos feitos;

2. Entrar em nós mesmos e reconhecer na intimidade a nossa imagem e semelhança com Deus;

3. Buscar as realidades eternas por meio da nossa razão e fé[33].

A verdadeira adoração leva-nos para a verdadeira liberdade, porque, uma vez que reconhecemos do que somos feitos e quem somos, nossa essência volta-se àquele que devemos contemplar e adorar e, assim, nosso ser é abrasado e nosso coração queima de amor.

Dessa forma, a maior liberdade que alguém pode experimentar em sua vida é quando o Fogo de-

---
33 Cf. São Boaventura, *Itinerarium mentis in Deum*, I, 2.

vorador de Deus penetra no mais íntimo do seu ser. Quem se deixa queimar pelo fogo do Amor de Deus torna-se como brasas sobre o altar, que queima e purifica todas as impurezas.

Lembremos, porém, que esse fogo é simbólico e que, na verdade, representa o amor de Deus que se queima no íntimo das almas e dos espíritos dos eleitos. Ao dizer que esses espíritos celestiais queimam, estou afirmando que eles são consumidos de amor por Deus a tal ponto desse amor envolvê-los em todas as dimensões de sua existência.

Por isso, Santo Tomás de Aquino afirmou que os nomes dos Serafins e dos Tronos não estão relacionados aos anjos caídos, isto é: aos demônios. Por quê? Por causa do Amor que consome esses nossos irmãos. Tomás ensina que, justamente por causa do amor ardente que estes anjos possuem em si, e por sua fidelidade, na grande batalha no Céu, podemos encontrar anjos caídos, que se tornaram demônios em todos os outros sete coros, em exceção a estes dois. Sobre este assunto nos ensina Tomás:

> *Nisto ainda mais se comprova a liberdade do livre-arbítrio, que pode desviar-se para o mal qualquer que seja o grau de criatura. - Todavia, na Sagrada Escritura, os nomes de algumas ordens, como a dos Serafins e a dos Tronos, não são atribuídos aos demônios, por-*

que esses nomes significam respectivamente o ardor da caridade e a inabitação de Deus, que não podem estar com o pecado mortal.[34]

A afirmação de Santo Tomás de Aquino a respeito dos Serafins chama-me a atenção e confesso que me deixa perplexo. De fato, se pensarmos logicamente, constataremos que criaturas motivadas pelo amor, não traem aqueles que amam. Agora você pode imaginar como pode ser para um Serafim a dimensão da fidelidade e do amor a Deus. Portanto, com eles aprendemos que nada pode nos afastar do amor de Deus, uma vez que deixamos a luz divina iluminar-nos ou, em outras palavras, que a sua graça nos sustente.

Os *Seraph*, são brasas ardentes de amor. Não queimam por si mesmos, mas são reflexos do fogo de amor de Deus por cada um de nós. Ao falar sobre os Serafins, outro grande padre da Igreja chamado Isidoro de Sevilha escreveu:

> *Os serafins, que significa abrasadores, estão no topo da hierarquia angélica, porque por um especial dom divino, amam a Deus mais do que qualquer criatura racional. A característica deles é de um intenso amor, que os tornam incandescentes. Eles chegam a tal ponto de perfeição que não existe nenhuma criatura*

---

34 TOMÁS DE AQUINO, *SUMMA THEOLOGICA* II, Q. 64, ART. 9, 255.

> *mais perfeita que se coloque no meio entre a relação deles com Deus.*[35]

O que Isidoro afirma, está em conformidade com o que o pensamento geral dos padres (*unanimem consensum Patrum*) afirma a respeito dos Serafins e dos anjos. Desde muito cedo, esses seres espirituais são vistos como modelos de criaturas que amam a Deus acima de todas as coisas, dando a Ele toda a honra e glória.

Se, de um lado, Isidoro arrisca dizer-nos que não existe outro ser racional que ama a Deus mais que os Serafins, podemos olhar um caso que, certamente, excede essa afirmação, que é a Virgem Maria. No mistério da encarnação, veremos que, na ordem criada, Nossa Senhora acolheu em si o Salvador e supera - em amor e intimidade - todas as criaturas de Deus, uma vez que ela carregou em si o Autor da Vida e a Fonte inesgotável do amor.

Aprendemos então, com esses grandes seres celestiais, que o verdadeiro relacionamento com Deus está no fato de deixar-nos ser abrasados por suas chamas de Amor, que aquecem a nossa vida. Não é por acaso que o Espírito Santo desceu em forma de fogo sobre a cabeça dos apóstolos em Pentecostes, para nos lembrar de que o Amor de Deus derramado em nossos corações é fogo consumidor (Gl 4,6).

---
35 CARPIN, A. *ANGELI E DEMONI NELLA SINTESI PATRÍSTICA DI ISIDORO DI SEVIGLIA*, 27.

Peçamos aos Serafins que estão diante de Deus, que falem de nós para o nosso Criador. Faça a experiência agora, onde você se encontra: olhe para o Céu, feche seus olhos e, com os olhos da fé, veja os Serafins com o rosto coberto, mas que, por baixo de suas asas incandescentes, contemplam Deus em você, reflexo e imagem do Deus vivo. Assim, os Serafins proclamam: *"Santo, Santo, Santo é o Senhor Deus, o To-do-Poderoso, aquele que era, que é e que há de vir"* (Ap 7,8).

Assim, os Serafins ensinam-nos que Deus é o Senhor do nosso passado, presente e futuro. Logo, deixe Deus ser tudo em sua vida! Ele deseja entrar em sua história, fazer parte da sua vida e reescrevê-la. Desse modo, Ele, que é eterno, nos dias vindouros dirá: "e viveu feliz para sempre queimando de amor por mim".

O que podemos aprender com esses seres espirituais e como nos relacionar com eles? Todas as vezes que você se sentir na aridez, chame por eles. Peça a eles a intercessão necessária para que o teu coração queime de amor por Deus e pelos irmãos.

Antes de continuar, te convido agora a fazer um exercício em seu coração. Peça que, pela intercessão destes nossos irmãos abrasadores, o Senhor te encha com o seu fogo de Amor e lhe faça arder em caridade por ele colocando-o acima de todas as coisas:

Oração aos serafins

Santos Serafins, que não vos cansais de proclamar a santidade e grandeza de Deus, venham em nosso auxílio. Vós que estais na presença de Deus sendo transpassados pelo fogo do seu amor, alcançai-nos de Deus o ardor da caridade, o desejo de buscá-lo com todo o nosso ser, desejar estar em sua presença Una e Trina. Que o calor das brasas de amor que se encontra em Deus, possa nos ajudar a reconhecer as nossas faltas e, ao mesmo tempo, dar ao nosso coração a esperança e certeza do perdão do Deus cheio de bondade e Misericórdia. Ensinai-nos a escutar a voz do todo Poderoso como ajudastes o profeta Isaías. Auxiliai-nos em nossas lutas e acompanhai-nos no deserto e no vale de lágrimas. Auxiliai-nos contra toda tibieza e mornidão para que todo o nosso ser possa estar na presença de Deus. Tudo isso Vos pedimos, Pai de Bondade, por Jesus Cristo nosso Senhor, na unidade do Espírito Santo. Amém!

CAPÍTULO 5

Revelação da Unidade e Comunhão (Os Querubins)

Fez ainda um querubim numa extremidade e o segundo na outra, formando uma peça só com o propiciatório. Os Querubins tinham asas estendidas para cima, cobrindo com elas o propiciatório. Estavam com as faces voltadas uma para a outra, com o rosto voltado para o propiciatório. (Ex 37, 8-9)

A palavra querubim vem do hebraico בוּרְכ (keruv), que significa "aquele que é propício" ou "abençoador". De fato, a tradição bíblica sempre ligou esses seres celestiais à dimensão da adoração em relação direta ao trono de Deus e da Sua presença gloriosa. A primeira citação desses nossos irmãos se encontra em Gênesis 3,24, em que o Senhor os coloca na entrada do Paraíso, com uma espada de fogo que gira, impedindo o homem caído de entrar.

A referência a eles estará sempre ligada à dimensão da adoração coletiva. Você sempre verá os

Querubins associados à realidade do relacionamento conjunto, nunca sozinho. Os 'abençoadores' ou 'propiciadores' - termos dados a eles pela cultura bíblica - já nos dão mais ou menos uma ideia do que eles representam e como se movem no Céu.

Nessa linha de pensamento, podemos afirmar que esses seres angelicais possuem a dimensão da adoração em forma comunitária, conforme dito anteriormente, e, estando em comunhão uns com os outros, ao adorarem, trazem em si a presença do fogo da glória de Deus.

5.1 Conhecedores de Deus

Os Serafins queimam na presença do Senhor e tornam-se abrasadores; os Querubins, por sua vez, carregam a presença de Deus no meio deles (Ez 10, 6-9). Esse fogo que eles guardam em si mesmos nada mais é do que a presença do Senhor, que se manifesta em forma de fogo, que ilumina e purifica a noite e o dia (Ex 13,21).

À luz desse versículo bíblico, podemos deduzir uma verdade revelada: se o fogo consumidor de Deus não dorme, fica aceso de dia e de noite sem nunca cessar, logo os Querubins que estão no meio desta brasa ardente, também não dormem. Claro que anjo não dorme, não é mesmo? Mas, quero usar essa metáfora contigo para que você possa entender o porquê dos Querubins, no início do da criação do mundo, serem colocados como guardas do Paraíso.

Isso quer dizer que, ao estarem constantemente vigilantes diante de Deus e iluminados pela *shekinah*, esses nossos irmãos estão atentos cada vez mais a não distraírem o seu olhar e seu pensamento, para se concentrarem unicamente em Deus - autor de toda vida. A respeito dos Querubins, Isidoro afirmou:

> *Esses anjos e distinguem pela sua sublime perfeição do conhecimento que possuem. Eles são assim denominados, porque os seus intelectos estão profundamente imersos na contemplação de Deus a tal ponto que no conhecimento divino eles superam todas as outras criaturas. Iluminados pela luz divina compreendem em profundidade todas as coisas e a eles nada é escondido da parte de Deus.*[36]

A imagem que Isidoro utiliza dos Querubins, está ligada à contemplação de quem se deixa iluminar por Deus em um profundo conhecimento de si. Certamente, quando falamos em conhecimento de Deus, não podemos esquecer que todo conhecimento do divino passa também por um profundo conhecimento de nós mesmos. Assim, podemos dizer que, tendo

---

36 CARPIN, A. *ANGELI E DEMONI NELLA SINTESI PATRÍSTICA DI ISIDORO DI SEVIGLIA*, 27.

seus intelectos iluminados por Deus, esses seres espirituais conhecem com uma profundidade enorme a si mesmos e, por isso, reconhecem a grandeza divina e procuram, por meio dela, alcançar a ascese mais perfeita que é a elevação da razão que possibilita estar mais próximos do Senhor com todo o seu ser.

Sabemos que o princípio verdadeiro de toda relação parte do conhecimento que os indivíduos possuem entre si. Agora pense comigo... Desde a criação do mundo, Deus, em sua infinita misericórdia e transcendendo a sua imanência, criou todas as coisas e, dentre elas, criou também seres diferentes de si. Com os seres irracionais, Deus delimitou e determinou-os. Mas, somente duas criaturas em toda a criação não são determinadas: os anjos e os homens. Por quê? Porque, como eu já lhe expliquei no início do livro, esses últimos são dotados de intelecto, de vontade e de liberdade, atributos que nenhuma outra criatura possui.

Sendo assim, os Querubins - em um grau superior ao nosso - possuem naturalmente o desejo e a tendência de buscar a Deus sobre todas as coisas, assim como todos os anjos e homens. O Concílio Vaticano II afirmou essa tendência natural dos homens na busca de Deus. Assim diz o texto:

A razão mais sublime da dignidade huma-

na consiste na sua vocação à comunhão com Deus. Desde o começo da sua existência, o homem é convidado a dialogar com Deus: pois se existe, é só porque, criado por Deus por amor, é por Ele, e por amor, constantemente conservado: nem pode viver plenamente segundo a verdade, se não reconhecer livremente esse amor e não se entregar ao seu Criador.[37]

Se você refletir sobre esse texto, entenderá que o seu coração naturalmente deseja conhecer e entrar em relacionamento com Deus, assim como fazem os Querubins no Céu! Isso é tão profundo, a tal ponto que posso afirmar que, todas as vezes que você buscar entrar em relacionamento com o Todo-Poderoso, estará também em comunhão com os Querubins que fazem a mesma coisa incessantemente. Imagine a grandiosidade disso! A sua essência deseja Deus.

5.2 Guardiões da Glória e do fogo

A referência bíblica mais conhecida que temos a respeito dos *Keruvim* é a imagem de dois deles sobre a tampa da arca da Aliança. Vejamos os detalhes do texto sagrado:

> *Farás para mim um propiciatório de ouro puro com dois côvados e meio de comprimento*

---

[37] Concílio do Vaticano II, *Constituição pastoral* Gaudium et Spes, 19.

e um côvado e meio de largura. Farás dos querubins de ouro batido nas duas extremidades da Arca. Terão as suas asas para cima e protegerão o propiciatório, nas duas extremidades com suas asas um voltado para o outro, e suas faces voltadas para dentro do propiciatório (Ex 25,17-22).

Somente a esse texto sagrado poderíamos dedicar páginas e páginas deste livro... A beleza escondida nos símbolos e no mistério a respeito desses anjos, não reside em si mesmos, mas na presença daquele que descia no meio deles para falar com Moisés.

Construídos de ouro puro e colocados na tampa da arca, os Querubins reluziam com a luz do sol. No meio do deserto em que o povo vivia e na caminhada em direção à terra prometida, podia-se contemplar o esplendor da glória de Deus que se manifestava com o reflexo da luz do sol sobre objeto mais sagrado da terra, isto é, a própria arca. A arca, mesmo sendo revestida de ouro, constituía-se de madeira feita de acácia, uma árvore muito abundante nas estepes do deserto e nas terras da Mesopotâmia.

Observando esses detalhes do texto, desejo falar a você sobre o ouro. Desde a antiguidade, o ouro sempre foi ligado ao divino. Temos como exemplo as culturas antigas da Índia e do antigo Egito, nas quais o ouro era relacionado à imortalidade e a adoração. Esse metal precioso possuía valor inestimável por causa da dificuldade de ser encontrado; representava a cor do sol e, ao mesmo tempo, o seu esplendor que fazia reluzir em si mesmo a própria luz emitida pelo astro principal do nosso sistema solar[38]. Assim, quando entramos no cenário da cultura oriental a respeito do ouro, vemos o quanto esse material tirado da terra é importante para fazer referência ao sagrado.

Algo nos Querubins da arca me chama a atenção: o peso e as medidas e parecem ser exageradas. Se você parar para pensar, toda a estrutura da arca era revestida de ouro por dentro e por fora. O propiciatório era uma peça única que se ligava aos Querubins. O exagero está justamente aqui... Por que pedir a um povo a construção, no deserto, de um artefato religioso feito de ouro?

A resposta que encontro é simples. Enquanto as nações ao redor de Israel lutavam entre si por ouro e prata, Deus demonstra a Israel que a única riqueza que podem ter é a sua presença. É por isso que toda a riqueza do povo eleito estava resumida na arca. Os Querubins estavam sobre ela para demonstrar, antes de tudo, que Deus protege seu povo assim como as asas dos Querubins protegiam o propiciatório e que

---

38 Cf. Dicionário de Figuras e Símbolos Bíblicos, 168-169.

Ele é unido a cada israelita como são os anjos ao objeto sagrado. É por isso que podemos ler em um Salmo: *"A Lei da tua boca é um bem para mim, mais que milhões em ouro e prata" (Sl 119,72).*

O que é mais precioso: o ouro ou a presença daquele que conduz e defende seu povo? Claramente, o que vale mais é a fonte de toda riqueza que é o próprio Deus. Partindo desse entendimento, os Querubins representam esta beleza da riqueza e do desejo ardente por Deus, que vale mais que toda preciosidade encontrada no mundo. Você pode atravessar desertos e tempestades... Pode perder tudo! Mas, se nessas situações Deus estiver contigo, tenha a certeza de que tudo será bendito e você superará toda adversidade.

É Deus que dá a nós um exemplo de amor verdadeiro e sincero. Na plenitude dos tempos, o Todo-Poderoso entregou como oferta a maior de todas as riquezas: seu Filho para nos salvar (Jo 3,16). Você vale tanto quanto a vida do Filho de Deus!

5.3 De dentro para fora

Outro detalhe a respeito dos Querubins é que eles não olham para si mesmos, mas para dentro da arca. Por quê? Simplesmente porque as coisas mais preciosas da vida não estão fora, mas dentro de nós.

Deus não te vê pelo teu exterior, mas enxerga e sonda as profundezas da tua alma (Sl 138).

O nosso olhar deve ser como o olhar dos Querubins que estão voltados para dentro, para o essencial. Enquanto as pessoas viam o esplendor de suas asas reluzentes pela luz do sol, o rosto daqueles anjos voltados para dentro da arca deixava uma única mensagem: o segredo da vida não está fora, mas dentro.

Sim, seu coração é como a arca que encerra em si a presença do Todo-Poderoso. Sua vida - e seu ser - é templo e morada de Deus, portanto os anjos aproximam-se de ti porque em ti reside Aquele que é vida deles e objeto de sua adoração e existência.

Sendo assim, aprendemos que esses nossos irmãos do segundo coro da primeira hierarquia celeste estão profundamente em comunhão com o Senhor. Tal realidade somente é possível se entendermos o poder que reside entre os Querubins. É justamente as brasas da *shekinah*, isto é, a presença de Deus em meio a eles que dá a possibilidade aos mesmos de possuírem em meio a si, o Amor de Deus em forma de fogo devorador. Ao tomarem consciência de tal, eles entram em comunhão com Deus e entre si.

É importante termos um relacionamento com

esses seres celestiais, mas como podemos amar alguém que não conhecemos? De fato, o conhecimento é o princípio e a causa de uma relação verdadeira e duradoura[39]. À luz dessa pergunta, podemos aprofundar ainda mais o mistério da relação que os Querubins possuem quando se relacionam e colocam-se diante de Deus.

Uma vez que eles são dotados de intelecto - assim como nós, naturalmente sua essência tende a buscar as coisas do alto. Evidentemente, ao falar de 'coisas' não estou falando de objeto material, nem mesmo de distrações acidentais. O que digo é sobre o desejo ardente que esses seres possuem em descobrir sempre a presença real de Deus que se assemelha a brasas em meio a um inverno frio, uma presença que aquece os corações.

Ao refletirmos sobre tal verdade a respeito dos Querubins, lembro-me de Santo Agostinho, o grande padre e doutor da Igreja, que liga a nossa relação com Deus ao amor. O amor faz com que o amante busque, naturalmente e de todo o seu coração, o amado (Ct 3,1-5). E como é essa busca? Em primeiro momento, com o coração e o pensamento. Nessa ação de busca, há um movimento saindo de si mesmo em direção ao outro, e nele o coração é impulsionado a buscar

---

[39] Cf. TOMÁS DE AQUINO, *SUMMA THEOLOGICA*, II-II, Q.26, ART. 2..

a Deus e descansar em sua presença. Existe uma definição que gosto de usar a respeito da verdadeira adoração: o repousar em Deus. Isto é, fazer com que o nosso coração de carne, encontre no coração santíssimo de Jesus o descanso e a sintonia para que a vida verdadeira seja mais presente que a vida que passa. A respeito do desejo que sentimos em buscar a Deus, Santo Agostinho afirma:

> *Tu o incitas para que sinta prazer em louvar-te; fizeste-nos para ti, e inquieto está o nosso coração, enquanto não repousa em ti. Dá-me, Senhor, saber e compreender qual seja o primeiro: invocar-te ou louvar-te; conhecer-te ou invocar-te. Mas, quem te invocará sem te conhecer?*[40]

O segredo da vida espiritual e feliz reside justamente na capacidade que possuímos de buscar incessantemente a face e o coração do nosso Criador. A exclusividade na adoração parte do princípio da não distração com outra coisa e/ou pessoa que não seja Deus. A unidade e a comunhão com o coração de Deus estão pautadas pelo desejo incansável de estar com Ele.

Se os Querubins possuem as brasas do calor do amor divino em meio a eles (Ez 10,3-4), eles buscam,

---

40 SANTO AGOSTINHO, *CONFISSÕES*, I, I, 19.

com naturalidade, a presença. Por isso sua mente e todo ser estão devotados ao Senhor. Podemos observar que o conhecimento buscado por eles não está fundamentado em uma mera especulação a respeito de quem Deus é ou do que Ele pode realizar. É uma busca de intimidade – que cresce com o conhecimento - de amizade e de unidade com o divino, a tal ponto de fazer a experiência da relação de duas pessoas que crescem no amor.

Por isso, a tradição teológica entende que os "abençoadores" são capazes de ter a ciência de Deus e de seus segredos e, por esse motivo, podem ensinar aos outros anjos e homens sobre os segredos da revelação divina. A esse propósito ensina-nos o grande Pseuso-Dionísio:

> *Os Querubins designam aptidões a conhecerem e a contemplarem a Deus, a receberem os mais altos dons da Sua Luz, a contemplarem na sua potência primordial o esplendor divino, a acolherem em si a plenitude dos dons que transmitem sabedoria e a comunicá-los em seguida às essências inferiores graças a expansão da própria sabedoria que lhes foi transmitida.*[41]

A sabedoria que os envolve e o conhecimento perfeito de Deus que eles possuem a partir da *visão*

---
41 PSEUDO-DIONISIO, *HIERARCHIA CELESTE*, VII.

beatífica faz que os seres desse coro angélico conheçam a profundidade de Deus e o seu amor. Se os Serafins ardem de amor, os Querubins, por sua vez, são abrasados pelo conhecimento elevado e místico de Deus. Não é à toa que em todas as referências feitas aos Querubins, veremos sempre que estão em dois ou mais e a presença do Senhor no meio deles.

O motivo pelo qual os Querubins transmitem aos outros o conhecimento de Deus, é unicamente pelo amor que queima em seu ser. De fato, quem ama deseja comunicar ao amado e falar do amado. A missão de cada cristão - em sua essência - está em amar a Deus e fazê-lo conhecido. É por isso que ao perdoar a mulher que chorou aos seus pés, Jesus dirá a famosa frase: *"Quem muito foi perdoado muito perdoa e ama"* (Lc 7, 47-50).

5.4 A Identidade na adoração e no relacionamento com Deus

Na visão que Ezequiel (Ez 1) tem a respeito dos Querubins, algo me chama a atenção. O autor do livro afirma que esses anjos possuem quatro faces: de homem, de leão, de boi e de águia. A pergunta que nos vêm à mente é a seguinte: por que se vê o rosto dos Querubins ao passo que os Serafins se escondem? O que o rosto revela a nós?

O rosto é a primeira forma de uma pessoa identificar-se. Logo, o rosto está ligado ao conhecimento. Ao ver uma pessoa conhecida, a sua memória identificará a imagem do rosto daquele indivíduo. Assim, o conhecimento parte da contemplação do rosto que nos interpela e lembra-nos quem somos e quem o outro é.

Os rostos dos Querubins demonstram, a partir desses símbolos dos animais, o modo como eles conhecem. Conhecem com o intelecto, assim como o homem o faz. Conhecem com a força, assim como um boi. O conhecimento gera autoridade e permite enxergar além das aparências, como faz a águia, que de longe consegue identificar os pormenores. Finalmente, conhecem como homem que representa também o reflexo da glória de Deus. Gosto dessas analogias, porque assim podemos entrar com mais profundidade no mistério da vida e da ação desses irmãos. Em nível de conhecimento sobre a face e o que ela representa, queria pontuar que Gregório Magno chega a afirmar que os Querubins são vocacionados ao conhecimento, assim sendo, fazem-se conhecidos por meio da face e da identidade que possuem. Assim o autor afirma:

> *O que se entende sobre o rosto se não a respeito do conhecimento? Em efeito todos somos conhecidos pelo aspecto. Cada um possui*

*quatro faces porque é pela semblante que somos conhecidos por Deus.*⁴²

O fato de todos possuírem quatro faces, significa também o ponto de unidade. Essa unidade constitui a essência da relação que eles possuem com Deus. O que aprendemos com esses irmãos é, justamente, a graça de viver em comunidade, mas nunca formatados. Ainda que estejam em grupos, a autenticidade pessoal faz com que cada Querubim nunca deixe de ser único. A verdadeira adoração e o relacionamento com Deus partem do todo, partem do quanto o nosso coração está disposto a ser autêntico sem comparações com outras pessoas. Veja que, apesar de possuírem as quatro faces, cada face dos Querubins possui sua característica singular.

Meditamos, a partir disso, sobre a nossa humanidade. O homem possui em si mesmo características da sua própria espécie. Somos bípedes, corremos, caminhamos, temos impressões digitais que nos identificam, como todos os outros seres humanos. Ainda assim, existe a individualidade e singularidade que conferem uma personalidade única a cada um de nós. O que quero dizer? Que mesmo adorando juntos, cada anjo e homem adoram, no Céu, a Deus singularmente. É como uma orquestra que reúne em

---

42 GREGÓRIO MAGNO, HOMILIAS SOBRE EZEQUIEL, III, I, 260-261.

si vários instrumentos, mas que no fim se unem para emitir a música perfeita.

Ao dizer sobre essa individualidade, me vem à mente o mito da criação, contido no livro *Silmarillion*, de Tolkien. O autor da famosa obra Senhor dos Anéis, conta que o mundo foi criado pela união das notas musicais dos seres angelicais que estavam ao redor do trono de Deus[43]. Ao usar a linguagem mitológica, o grande autor cristão da terra média, deixa-nos em uma linguagem poética a seguinte lição: o mundo criado por Deus foi feito por meio da harmonia das notas colocadas por Ele mesmo em cada ser angélico que cantavam em louvor e adoração.

Ao fazer essa referência a Tolkien, quero deixar claro que não estou dizendo que o mundo foi criado por causa da música dos anjos. O que quero dizer, no entanto, é que a criação inteira canta as maravilhas que Deus criou. A referência aqui é para mostrar somente que a criação renova-se por graça divina todas as vezes que cada criatura singular une-se em um único propósito.

Arrisco dizer que a exemplo dos abençoadores, cada um de nós carrega em si a luz da vida e, a partir da adoração como os Querubins, podemos - com o nosso coração e mente - amar a Deus cada vez

---

43 Cf. J.R.R. Tolkien, *O Silmarillion*, I, 4.

mais. Esse amor é criativo, no sentido de que é capaz de gerar em harmonia a própria presença de Deus. O que quero dizer com tudo isso? Que a adoração da Igreja reunida ao redor do altar do cordeiro, experimenta o renovo pleno. Sim, os Querubins e todos os adoradores experimentam em si a nova criação de Deus em suas vidas.

A esse respeito, a liturgia cristã nos ensina que, ao celebrarmos os santos mistérios, fazemos a experiência pessoal e comunitária de ter em nosso meio aquele que se dá totalmente em seu corpo e em seu sangue. Logo, o que vivemos enquanto corpo místico de Cristo, nada mais é que a experiência de adorar a Deus em um louvor que une muitas vozes e corações e, ao subir ao trono divino como um incenso, essas orações chegam a Deus como uma única súplica de tantos santos (Ap 8,3).

A beleza dessa verdade de fé é que não importa como você se encontre agora. Talvez seu coração se esfriou e, sem que percebesse, a sua alma e essência afastaram-se daquele que é a única fonte de felicidade da nossa vida. Mas não tem problema, sabe por quê? Quanto mais longe estamos, mais sentimos saudades. Sim, a sua alma sente saudades do Céu, e o Céu de você! Por isso, se você chegou até aqui, lendo estas páginas, já entendeu que as suas orações não são jogadas ao vento. Cada súplica, cada suspiro de dor e cada lágrima que escorre dos seus olhos são preciosos a Deus; ao caírem nas chamas do seu amor, evaporam como fumaça subindo até os céus.

5.5 A liberdade da adoração

Um segundo elemento importante, que temos na mensagem simbólica da arca da aliança, são as asas dos Querubins. Tais asas estão voltadas para cima e, ao mesmo tempo, sua sombra protege a tampa do propiciatório. Aqui podemos aprender duas lições: a primeira é que as asas apontadas para o alto representam toda a elevação espiritual dos *keruvins*, que tem a sua liberdade voltada inteiramente para Deus.

No mundo antigo, as asas eram símbolo da liberdade. Essa liberdade dá a você a possibilidade, assim como os pássaros, de fugir dos predadores. Pense algo comigo... Os pássaros, por si mesmos, não são tão ferozes como, por exemplo, um leão ou um lobo. Temos, sim, grandes aves como a águia real que pode matar pequenos mamíferos, mas mesmo assim são vulneráveis. O que faz uma ave ter vantagem sobre os seus adversários? A sua capacidade de voar. Mesmo sendo frágeis, as aves sabem que devem fazer seus ninhos nas alturas, para longe dos predadores.

Essa referência faz com que eu me lembre outro mito grego da criação. Como filósofo e teólogo, gosto de me referir sempre aos símbolos, porque eles nos apontam algo de maior profundidade e transcendem as simples aparências. No mito grego da criação do mundo, encontramos a referência aos titãs Epimeteu e Prometeu. Ambos receberam dos deuses do Olimpo a incumbência de criar o mundo.

Ao receberem a tarefa de criar o homem, os irmãos titãs adornaram a terra e os seres que nela habitavam com todos os dotes. Por exemplo: ao leão deu as garras, às cobras a astúcia, e às aves as asas para fugirem dos predadores. Assim, cada animal recebeu sua virtude. Mas, quando chegou a vez da criação do homem, os irmãos já tinham distribuído todos os dotes; então Prometeu roubou o fogo dos deuses e entregou-o ao homem, que com isso foi capaz de criar ferramentas e dominar todos os outros animais, antes seus predadores[44].

Perceba que o fogo foi fundamental para a evolução técnica da humanidade. E sobre o que estamos falando a respeito dos Serafins e Querubins? Eles estão profundamente relacionados ao fogo de Deus que forja e dá luz às trevas. As asas relacionam-se, aqui, ao voo em direção ao sol, que ilumina e aquece. Se as asas podem representar a liberdade, como dito

---

44 Cf. R.C. COLIN, *LE MYTHE DE PROMÉTHÉE ET LES FIGURES PATERNELLES IDÉALISÉES*, 149-160.

anteriormente, também representam a elevação e o desejo da contemplação Daquele que está no alto.

A adoração, portanto, é nada menos que ter a capacidade de deixar-se ser iluminado pelo sol verdadeiro que é Deus, e isso ilumina todas as nossas trevas interiores. Os Querubins são iluminados por Deus; logo, o conhecimento sobre o qual falávamos torna-se profundo, real e verdadeiro. Ao relacionar os Querubins e os homens ao mito grego de Prometeu, quero dizer que, assim como as aves receberam asas para voar, também os homens e os anjos receberam as asas do intelecto, para poder chegar até Deus.

Existe um lugar seguro para nos escondermos de nossos predadores, esse lugar é a presença do Senhor que nos esconde no ninho do seu coração. Portanto, as asas dos Querubins - bem como de todos os anjos - representam a nossa busca pela liberdade verdadeira, que somente pode ser encontrada em Deus. Por outro lado, ao falarmos das asas dos *keruvins* que estão sobre a arca, vemos que elas protegem, de alguma forma, o propiciatório. Mas é no meio dessas asas que Deus desce para falar com Moisés. O texto diz assim:

> *Os querubins terão as asas estendidas para cima e protegerão o propiciatório [...], ali virei a ti, e, de cima do propiciatório, do meio*

> *dos dois querubins, falarei contigo[...]. (Ex 25,20-22).*

Esse "meio" sobre o qual Deus fala representa a riqueza maior do coro dos Querubins. Há também uma riqueza no reflexo da nossa vida e da nossa essência enquanto seres humanos. Você deve lembrar-se do que aconteceu com os discípulos de Emaús ao longo do caminho... Eles caminhavam juntos, mas com os corações angustiados por todos os acontecimentos que tinham passado em Jerusalém. Em certo ponto, um peregrino (Jesus), coloca-se a caminhar no meio deles e começa a ensiná-los sobre as escrituras. No fim de tudo, após sentarem à mesa e partir o pão eles constatam que seus corações ardiam enquanto Jesus ensinava-lhes a respeito das escrituras ao longo daquela estrada (Lc 24,32-33). É isso!

Nós também podemos fazer a experiência que os Querubins fazem. Deus manifesta-se em nosso meio todas as vezes que O buscamos de todo o nosso coração e nossa mente; dessa forma, o fogo que arde no altar de Deus arderá também em nossos corações. Um coração aquecido pelo amor de Deus não teme o inverno da noite escura, nem mesmo apavora-se com a escuridão das trevas que o circundam. Sim, você possui a essência do fogo santo de Deus que é capaz de forjar e mudar a nossa vida.

Um segundo elemento que me chama a atenção, é a frase "cobrir" o propiciatório. Ao mesmo tempo em que as asas dos Querubins cobrem-no, elas também protegem o lugar da benção. Isso nos ensina que as asas dos Querubins - além de os elevarem a Deus – fazem com que sejam anjos protetores de quem está embaixo deles. Logo, os seres desse coro angélico também são guarda, não somente do Paraíso, mas de cada adorador.

Portanto, as asas, na linguagem bíblica e no mundo antigo, também representam a proteção. É debaixo das asas do Altíssimo que o fiel encontra o seu refúgio nos tempos de tribulação (Sl 90/91). Jesus chorou sobre Jerusalém por causa da sua rejeição, por aquele povo não ter aceitado a proteção de suas asas que, como uma galinha, acolhe os seus pintinhos (Lc 13,34).

Interessante é o comentário de São João Crisóstomo a respeito dos Querubins. Em sua homilia sobre os dois ladrões, ele ensina-nos que, ao prometer o paraíso celeste ao ladrão na cruz, Nosso Senhor tirou a espada da condenação da entrada do Éden e abriu para nós a porta que antes tinha sido fechada. Os mesmos Querubins que impediam a nossa entrada no céu, hoje são nossos irmãos que conosco adoram e louvam a Deus para sempre.

5.6 Os Querubins na liturgia do Céu e da Terra

Sendo assim, podemos dizer que hoje é possível entrar em comunhão com esses irmãos, uma vez que a sua natureza está voltada completamente para os mistérios divinos. Há uma beleza em tudo isso... Se os Querubins entram no mistério do conhecimento e ciência de Deus por meio das brasas e do fogo que queima no meio deles, nós temos, por excelência, em nosso meio o fogo devorador da Eucaristia que alcança-nos na liturgia eucarística, e ali encontramos prostrados os Querubins que, conosco, adoram ao Cordeiro Santo que se dá no altar.

Ao relacionar os Querubins a Eucaristia, me vem em mente o rito da tradição católica oriental, de um modo particular aquele ligado aos bizantinos. Os anjos sempre estiveram presentes na liturgia da igreja. De fato, eles estão associados a nós no mistério da adoração, louvor e ação de graças. Nesse sentido, podemos encontrar na tradição do oriente a realidade dos Querubins no louvor dentro da liturgia.

Existe um hino antigo chamado de *Hino dos querubins*, o famoso *Cherubikon* que diz:

> *Nós, que misticamente representamos os Querubins e cantamos o hino trinamente Santo, á Trindade Vivificante, afastemos de nós, neste momento todo pensamento munda-*

> *no, a fim de acolhermos o Rei do universo invisivelmente escoltado pelos coros angélicos, Aleluia, aleluia, Aleluia.*

Veja a beleza desta oração. Diante do Cordeiro Santo que se dá no Altar, a assembleia reunida, representa na Terra aquilo que acontece no Céu. E a oração mesma diz que nós "representamos" misticamente os querubins diante da Trindade. Ora o que os querubins fazem? Eles adoram, louvam e agradecem a Deus pelos seus feitos. E não somente eles, mas todos os anjos e santos, como já tratamos.

Portanto, todas as vezes que ousamos levantar o nosso coração em louvor a Deus, nos associamos a estes seres poderosos e majestosos, que adoram ao Senhor com todo o seu ser. Os querubins estão associados à adoração em comunidade. Nós também, como corpo místico, quando oramos, ou adoramos, não o fazemos sozinhos, mas com todo o corpo místico e vivo de Cristo que é a Igreja. Esses nossos irmãos já participam da nossa vida como?

Você pode estar em comunhão com os querubins e se relacionar com eles, todas as vezes que a sua vida estiver unida ao mistério litúrgico e pascal da Igreja. Justamente Cristo, com a sua encarnação, uniu o Céu e a Terra, e ao estar presente nos sacramentos de um modo particular na Eucaristia, o Filho de Deus traz consigo, a presença dos adoradores de fogo que estão diante de seu trono celeste.

Que belo! Ir à missa e participar da vida da Igreja é já antecipar o Céu na Terra, e a terra no céu, simplesmente porque aqueles que no céu habitam se associam a nós e mesmo peregrinos nesta vida, o nosso cantar e o nosso louvar a Deus se une ao coro de todos os que estão na Glória!

Vimos que a primeira referência dos querubins que temos, encontra-se no livro da criação (Gn 3, 24). Eles guardam a porta do Paraíso. Portanto, eles se constituem como guardiões, seja da entrada do Céu bem como da presença e da adoração a Deus. Interessante ainda que em um Salmo os querubins também são a "montaria de Deus" (Sl 18,10), isto é, carregam sobre seus ombros a glória do Todo-Poderoso.

O que podemos aprender com essa mensagem? Claramente devemos sempre lembrar que por serem espíritos puros e simples, nós que somos seres dotados de matéria e pertencentes à realidade sensível, sempre teremos que nos recorrer a linguagens analógicas ou referencias humanas. Ao dizer que Deus "montou" os querubins e voou, o salmista não está fazendo uma afirmação literal, mas evidenciando, que aqueles que adoram a Deus possuem em si a graça de carregá-lo sobre si.

Vem-me em mente a gloriosa entrada de Jesus em Jerusalém. Momento este que celebramos no domingo de ramos. O que fez o Cristo? Ele, antes de tudo, pediu aos seus discípulos para encontrar para ele uma montaria para que Ele entrasse em Jerusalém sobre um jumentinho (Mt 21,5-7).

A espiritualidade católica sempre viu no gesto do jumentinho cada anunciador do evangelho. Sim, todas as vezes que ousamos levar a palavra de Cristo aos homens, podemos ser comparados a essa montaria que leva sobre si o Rei da vida. No fim das contas, o centro não é, e nunca foi, o jumentinho, mas o Cristo, assim também é a vida do cristão. Chamados a testemunhar com a vida, os discípulos de Jesus carregam sobre seus ombros o peso de um nome que é capaz de salvar, redimir os pecadores.

Olhe a comparação que estou fazendo à luz da liturgia. Carregar Jesus em sua vida lhe faz, de alguma forma, membro do coro dos querubins que, como nos ensinou os padres da Igreja, possuem em si a missão de ensinar e anunciar aos outros anjos, o conhecimento que eles possuem de Deus. Que lindo! Não é verdade? Todas as vezes que você conhecer e ensinar sobre o Senhor, de alguma forma você estará exercitando o ministério destes anjos.

Também somos chamados a sermos "guardas",

na adoração. Como? Visitando o Santíssimo Sacramento. Sendo guarda na adoração e no louvor. Participando da liturgia da Igreja. Intercedendo pelos fracos.

Seja querubim! Seja guardião da adoração aonde estiver. Busque ir além e verás que o Paraíso, outrora fechado, agora, em Cristo, foi por nós aberto, e junto com nossos irmãos celestes, em comunhão com toda a Igreja podemos com eles cantar:

Santo, Santo, Santo é o Senhor Deus, o Todo-Poderoso, aquele que era, que é e que há de vir! (Ap 4,8).

Oração

Gloriosos Querubins, que estais diante do Trono Deus, e que sustentais a adoração e o louvor, auxiliai-nos a conhecer e a buscar de todo o nosso coração a Deus e a sua vontade. Ajudai-nos a reconhecer sempre mais a Misericórdia e bondade da Trindade Santa. Auxiliai-nos a buscar a unidade e a comunhão com o Cristo e com nossos irmãos. Que o desejo ardente de encontrar o ressuscitado em meio a nós possa ser sempre a nossa esperança. Intercedei por mim junto a Deus para que um dia eu possa me associar ao vosso coro para juntos cantarmos eternamente que toda honra e glória sejam dadas ao Senhor para sempre. Por Cristo Nosso Senhor, na Unidade do Espírito Santo, que com o Pai e o Filho vive e reina para Sempre. (Glória, Pai nosso, Ave Maria).

CAPITULO 6

Revelação da Intimidade (Os Tronos)

Enquanto eu olhava, vi ali quatro rodas junto aos querubins, uma roda junto a cada um deles..., as quatro rodas tinham o mesmo aspecto como se estivesse uma dentro da outra, ao se moverem caminhavam nas quatro direções e não se voltavam. (Ez 10,9-11).

Os Tronos ou *Ofanins*, em hebraico, são os seres espirituais que estão próximos do Trono de Deus junto aos Serafins e Querubins. Na visão de Ezequiel, eles formam as "rodas" do carro de Deus. Caminham juntos ao lado dos Querubins e possuem a forma de fogo tendo o seu reflexo límpido como o crisólito (Ez 10,9).

Eles formam o terceiro coro da primeira hierarquia celeste. Possuem uma característica singular no modo em como adoram a Deus. Se os Serafins queimam na presença do Deus Todo-Poderoso e os

Querubins possuem a graça do sustento da *shekinah* divina a tal ponto de ter em meio a eles as brasas da presença do Senhor, os Tronos, por sua vez, são habitados por Deus.

De fato, os anjos do terceiro coro da primeira hierarquia celeste possuem a graça de serem chamados de *Sede Dei* (trono de Deus), no sentido que são o "assento onde Deus possui seu trono. Com estes maravilhosos seres celestiais, aprendemos a dimensão da adoração feita e vivida na comunhão e na unidade, buscando se assemelhar ao modo como Deus relaciona-se consigo mesmo, isto é, em um movimento de amor que sai de si em direção ao outro e ao mesmo tempo volta para dentro de si[45].

A tradição judaico-cristã, de um modo especial, a patrística, viram os santos anjos Tronos como aqueles que não estão somente diante do mistério de Deus ou possuem a sua presença fulgurosa em meio a eles, mas carregam essa presença em si mesmos, ou melhor, dentro de si. Então, podemos dizer que a adoração dos Tronos está baseada em uma profunda intimidade com o seu criador.

6.1 Movem-se como rodas de fogo: movimento de amor

Os Tronos são, normalmente, representados

---

[45] Cf. Tomás de Aquino, *Summa Theologica II*, Q. 108, Art. 5, p.776.

como rodas aladas que estão entrelaçadas. Na teologia bizantina, a luz da visão de Ezequiel, os Tronos são as "rodas" do carro de Deus. Enquanto os Querubins sustentam a glória do Altíssimo, os Tronos carregam em si a presença inefável do Todo-Poderoso. Mas, por que roda?

No mundo antigo, a roda tinha o significado de movimento que a divindade realiza em direção a alguém[46]. Nesse sentido, podemos dizer que os *ofanins*, possuem em sua natureza angélica a capacidade de adorar a Deus em uma atitude de constante saída de si, fazendo que a sua adoração não seja algo externo somente, mas profundamente íntimo e secreto.

Então, o que podemos aprender é que a relação deles com o Senhor constitui-se com tamanha profundidade, ao ponto de moverem-se como rodas, levando sobre si a Onipresença divina em seu íntimo. A vida desses anjos está profundamente ligada ao desejo constante de servir a Deus em intimidade e unidade, comunicando aos outros das hierarquias inferiores a maravilhosa realidade da habitação de Deus dentro do coração de cada adorador[47].

Sendo habitados por Deus, esses nossos irmãos tornam-se o modelo de como é a vida de um adorador.

---

46 Cf. Dicionário de Figuras e Símbolos Bíblicos, 211-212.
47 Cf. Pseudo-Dionisio, VII.

Eu gostaria de fazer uma analogia de como os santos Tronos poderiam nos ensinar sobre a inabitação de Deus dentro deles. Imaginemos uma lâmpada... Jesus nos ensinou que nós somos a luz do mundo (Mt 5, 13-16). Ora, a luz da lâmpada não lhe pertence, porque a lâmpada (lampião, por exemplo), carrega dentro de si a luz do fogo que ilumina do seu interior para fora. Nesse sentido, podemos dizer que ser luz do mundo para o cristão é levar em seu seio a presença Daquele que habita a nossa alma, isto é, o próprio Deus, Uno e Trino.

Não somos nós a luz, mas aquele que habita em nós e veio a este mundo (Jo 1,9) é a única fonte de iluminação em meio às trevas. Portanto, o que aprendemos com esses irmãos é que eles são portadores da presença de Deus para os anjos e homens, como uma lâmpada que ilumina de dentro para fora.

6.2 Carregam em si a presença de Deus

Outra característica dos santos Tronos é a de "carregarem" a Glória de Deus. Ao mesmo tempo em que são comparados a rodas incandescentes que levam, de um lado para outro, a inabitação divina dentro de si, eles também são considerados os assentos de Deus. Tal analogia a um assento, dá-nos a ideia de que eles estão abertos a acolher em si a presença do Rei e a toda a sua majestade. Portanto, podemos também dizer que esses nossos irmãos estão profundamente ligados à realidade de governo e autoridade que emana diretamente de Deus[48].

Santo Tomás de Aquino afirma que os Tronos, por terem esta característica de acolherem em si mesmos a presença do Senhor, podem ser considerados os anjos que estão em maior intimidade e proximidade com Deus, uma vez que o próprio Deus toca-os com a sua presença fulgurosa ao "assentar-se" neles. Esse assentar deve ser entendido como uma espécie de posse e de habitação[49].

Sendo assim, a união desse coro angélico com o Senhor faz que eles não se corrompam e nem mesmo deixem se levar por outras distrações, uma vez que possui em si mesma toda a fonte de toda bem-aventurança. Já aqui aprendemos uma grande lição com os *ofanins*: a plenitude da nossa existência não está na beleza exterior e nas aparências, mas na riqueza interior da presença do Todo-Poderoso dentro de nós.

Para entendermos melhor, faço outra pergunta: o que é mais precioso, a caixa do tesouro ou o tesouro dentro da caixa? Claro que é o tesouro, por mais que a caixa seja esplendorosa, o que a valoriza são as pedras que dentro dela encerram-se.

---

48 Cf. Gregório Magno, Homilias XXXIV, 1.
49 Cf. Tomás de Aquino, Summa Theologica II, Q. 108, Art. 6, p.777.

Do mesmo modo, são os Tronos, podemos maravilhar-nos com a beleza luminosa de seus rostos, mas a maior beleza deles está no fato de terem dentro de si a fonte de todas as belezas. O que torna um poço precioso? Não é a decoração da sua borda, mas a água que emana dele. Do mesmo modo, temos que entender que aquilo que está dentro, torna precioso o que está fora.

6.3 Os Tronos - reflexo da perfeição divina dentro de si

O que podemos aprender com esses nossos irmãos? Eles ensinam-nos que a vida verdadeira, aquela que um dia experimentaremos eternamente, consiste em cada vez mais deixar-nos sermos habitados por Deus. O cume de toda intimidade é quando deixamos que alguém habite dentro de nós. Assim, o amor é perfeito, porque nos une ao Amado. Sobre os Tronos, São João Paulo II diz-nos que Deus - que é a perfeição por excelência - deixa-se refletir nos Tronos; logo, podemos dizer que os anjos desse coro são reflexos da perfeição divina[50].

Outro aprendizado que adquirimos ao refletir sobre a essência dos Tronos é que, mesmo sendo pequenos, podemos deixar o espaço do nosso coração

---

50 Cf. João Paulo II, *Audiência Geral*, Quarta-Feira, 9 de Julho 1986. 4.

para que Deus se assente e tome posse como único Senhor de nossas vidas. Peça a intercessão dos nossos irmãos Tronos! Eles auxiliam-nos na busca constante por Deus e no desejo de unirmo-nos a Ele. Quando alguém está longe do Senhor, procuro invocar a presença deles para auxiliar ao perdido, fazendo-o redescobrir a grandeza de ser reflexo do Todo-Poderoso que se faz pequeno para nos encontrar.

A cultura esotérica implantou a ideia de que Deus é um vingador mal, e isso acabou afastando-nos e impedindo-nos de ter intimidade com aquele que mais ama a cada um de nós e quer o nosso bem. O medo e o pavor que sentimos quando se fala em apocalipse é um dos agravantes que vemos no meio da comunidade. É estudando e lendo o apocalipse que nós veremos que ali se encontram as revelações e os segredos do Céu que o Senhor quer nos apontar como diz em (Sl 25,14) *"O segredo do Senhor é com aqueles que o temem; e ele lhes mostrará a sua aliança"*. Quando se fala em Apocalipse, não quer dizer que é o fim do mundo, mas sim a revelação de Deus para trazer luz em meio às trevas.

João, o discípulo amado, tinha mais de oitenta anos quando escreveu o Apocalipse, mas seu coração era o mesmo daquele adolescente que encostou sua cabeça no peito do Jesus. Quando João fala sobre a visão do céu e sobre os anjos, ele quer nos mostrar que nossa vida aqui na terra é a representatividade do que acontece lá, sendo a síntese da adoração, e é por esse motivo que temos o altar no centro e fazemos as mesmas coisas que os anjos fazem.

A teologia reforça que cada coro angélico tem um modo de adorar a Deus, da mesma forma que nós também podemos adorar a Deus de nove maneiras diferentes assim como os anjos.

Os anjos chamados de Tronos estão aos pés do Senhor e buscam ter intimidade com Ele. Conforme vimos até aqui, os Serafins queimam na presença de Deus, Querubins têm o fogo no meio deles e os *Tronos são habitados pelo Fogo*.

Esse coro angélico é um exemplo a ser seguido por nós, pois mesmo não tendo luz própria esses anjos são sublimes e luminosos, brilhando de dentro para fora por serem habitados por Deus.

Os Tronos têm a capacidade de acolher a presença de Deus dentro deles, por isso afirmamos que são habitados por Deus e possuem uma adoração íntima com o Senhor. Esses anjos não deixam passar nem as mínimas situações para adorar; não esperam uma voz bonita ou um sentimento surgir no peito chamando-os a isso. Eles são adoradores a todo instante.

Deus visita-nos diariamente, mas você adora-O quantas vezes por dia?

Se você tem intimidade com Deus, haverá um momento em que Ele vai começar a contar os sonhos Dele para você, e é aqui que se diferencia quem ainda está no leite e quem recebe alimento sólido do Senhor, pois o primeiro sonha seus próprios sonhos, mas quem tem intimidade com Deus, sonha os sonhos Dele.

Deus quer tanto se relacionar e fazer morada dentro de nós, homens, que Jesus deixou um testamento para garantir que depois de sua ressurreição o Espírito Santo faria morada dentro de todos aqueles que o aceitassem como Senhor de suas vidas.

E, quando se fala de Espírito Santo, lembramos das virgens prudentes (cf. Mt 25,1-13) que em nada se diferenciavam das outras, já que ambas eram virgens e os óleos queimavam. A partir dessa passagem, quero provocar a seguinte reflexão: como você tem queimado o óleo da sua vida? O óleo precisa ser queimado na presença do Amado, e o cuidado que devemos ter é para não queimar na presença de quem não é o Noivo.

Se você queimar na presença do Noivo, será como uma chaminé, onde o fogo sai de dentro para fora, aquecendo quem está perto. Queimando, você brilha, e mesmo que seja um pequeno fogo como o de um fósforo, onde estiver escuro você será a luz.

O homem não consegue externar tudo o que tem dentro dele, porque sua existência é um mistério da natureza, mas quando decide falar com o Criador da sua alma, tudo se faz diferente! É uma conversa de dentro da alma e é por esse motivo que o Salmista relata que o Senhor sonda e conhece nosso íntimo. O próprio Deus sabe quando levantamos e aonde vamos... Essa intimidade dá-se por sermos criados à imagem e semelhança Dele.

O intuito de nossa existência é sermos íntimos de Deus mais que de nós mesmos, pois nossa natureza está voltada toda para Ele. Por isso, a Bíblia fala que viemos do pó e ao pó voltaremos - vieste de Deus e para Deus voltará!

Quando olhamos aquela imagem antiga da Igreja na qual os cristãos estão inseridos, ela relaciona-se a um Trono em que Deus vem e assenta-se novamente. Nesse momento, quando estamos de braços erguidos clamando a presença divina, Deus não olha nossa aparência, nem se preocupa com o que está fora. Ele olha para dentro de nós e os anjos Tronos intercedem por nós junto a Deus.

O Pai deu-te acesso íntimo a Ele sempre que quiser, deixando livre a oportunidade de você adentrar o Santo dos Santos para que nenhum mal possa te ferir. Deus quer ter intimidade com você para que Ele seja o fogo devorador que entra e inflama seu espírito em todas as situações, pois há algo no secreto reservado somente para os íntimos.

A intimidade com Deus é o princípio de uma relação duradoura e madura. Todos nós somos inabitados por Ele, isto é, somos Seu templo santo, Sua casa. A vida e a forma dos Tronos se relacionarem com Deus, iluminam e inspiram a nossa relação com Ele. Como verdadeiras lâmpadas, podemos deixar a luz de Deus brilhar em nós e habitar em nossa vida.

Convido-te, portanto, a contemplar a beleza de poder carregar em si a presença de Deus que nunca te abandonará. Não importa por onde você caminhe, deixe que o seu coração se torne, cada vez mais, a morada e Trono de Deus na Terra. Não tenha medo de entregar tudo a Ele. Deposite as suas coroas e seus méritos aos Seus pés para d'Ele receber a maior de todas as recompensas que um vivente pode ter: ser casa, morada e templo do Altíssimo.

Na história da Igreja, temos algumas visões de santos místicos que viram os Tronos de Deus. A mais conhecida é Santa Angela de Foligno (1248-1309), uma franciscana que teve grandes experiências com o Céu e com o Senhor. Em um de seus êxtases, a santa teve uma visão espiritual dos Tronos, assim diz:

> *Eu vi Jesus Cristo vim com um exército de anjos. A sua magnificência deixou minha alma cheia de júbilo. Em um momento, fiquei maravilhada e minha alma pode experimentar o prazer de contemplar os anjos, porque normalmente toda a minha alegria é condensada em Jesus, somente em Jesus. Mas em minha alma pude logo sentir duas alegrias distintas: a primeira vinha de Deus e a segunda vinha dos anjos. Eles não se pareciam uns com os outros. Eu fiquei maravilhada com a beleza em que o Senhor era circundado. Então eu perguntei o nome daqueles que eu via e uma voz respondeu: São os Tronos.*[51]

Podemos notar aqui algo interessante na visão de Angela de Foligno. Os Tronos estão ao redor do Cordeiro - de Jesus Cristo. A beleza e o esplendor da glória, que esses seres angélicos carregam em si, fizeram com que a franciscana sentisse uma alegria que inundou sua alma. A santa faz questão, porém, de dizer que a alegria de ver os anjos era distinta da que tinha ao ver Jesus. Isso, claro, porque o Cristo é a fonte de toda nossa alegria e consolação. É n'Ele que devemos colocar a nossa esperança.

Veja que interessante, a visão não tira a singu-

---
51 SANTA ANGELA DE FOLIGNO, *EXPERIÊNCIA DE DIOS AMOR*, P. 62.

laridade da realidade dos anjos de Deus. Esses anjos estão próximos e a sua vida é pautada em acompanhar a Deus por onde Ele for. Por meio dessa experiência particular da mística de Foligno, podemos afirmar que o Filho de Deus é o centro da adoração e do louvor dos anjos no Céu e que o Trono depõe suas coroas e sua vida aos pés do Filho de Maria e José.

Ao mesmo tempo, não podemos esquecer que o Verbo de Deus encarnou-se, isto é, Ele possui a nossa natureza e carrega em si as marcas da humanidade. Se, aparentemente, os Tronos estão longe de nós, em Jesus Cristo tornam-se próximos a tal ponto que podemos orar com eles e adorar a Deus em meio ao coro e a hierarquia que fazem parte no Céu. Sim, a humanidade divina de Cristo dá a nós livre acesso e comunhão com esses nossos irmãos e une a realidade angélica e humana.

Ainda sobre a experiência mística e privada sobre os Tronos, teremos a irmã Maria da Encarnação (1599-1672) da congregação das irmãs ursulinas. Ela escreveu sobre estes seres espirituais dizendo:

> *[...] E depois me aproximando aos Tronos pelo qual Deus neles habita, porque os criou como vasos para a sua divina majestade, eu via que esses são em Deus e Deus neles e a sua misericórdia derrama neles a sua pureza e esses a transmitem com a mesma pureza,*

> *fazendo uma doce transmissão entre o Deus puríssimo e os bem-aventurados amantes. Ah, Tronos puros - eu dizia sobre eles- que participastes com a vossa pureza da pureza divina façam que a minha memória, purificada de todos os objetos que são inferiores a Deus, venha a conter aquele oceano de amor que não deseja outro que não seja vasos puros e que sem hesitar eu também possa ser unida a Deus e lançada no seu abismo puríssimo de misericórdia.*[52]

A visão de Maria da Encarnação está intimamente ligada ao que a tradição cristã afirma a respeito dos Tronos. Eles carregam em si a graça de serem a habitados por Deus. Como já explicado por meio da simbologia das rodas que estão uma dentro da outra, a unidade e a comunhão que esse coro angélico possui em relação a Deus é tão grande que, como vasos, carregam em si a glória e o fogo da presença do Altíssimo. O grande Pseudo-Dionísio afirmou que esses seres espirituais são sensíveis a receberem a visita de Deus em seu interior; a luz divina penetra até o mais íntimo de suas essências fazendo que eles sejam habitados e cheios em plenitude da presença de Deus. Essa presença é tão forte que transborda comunicando aos outros seres inferiores - especialmente a nós - a beleza de deixar Deus habitar em nós.

---
52 D.M. STANZIONE, *IL CORO ANGELICO DEI TRONI*, SANTI E BEATI, 1.

Algo que me chama atenção ainda nas palavras da irmã Maria da Encarnação é que ela usa o termo 'misericórdia' para falar dos Tronos. Todos nós fomos criados pela misericórdia de Deus, que sendo Amor perfeito desejou transbordar para fora de si mesmo o seu amor. Nessa linha, Santa Faustina Kowalska, a grande apóstola da Misericórdia Divina, afirmou em seu diário que os anjos e os homens foram criados de dentro das entranhas de misericórdia de Deus[53].

Talvez você possa perguntar: como podemos chegar à conclusão da realidade desses seres espirituais, uma vez que as sagradas escrituras poucas vezes mencionam sobre eles? Santo Agostinho, em seu sermão sobre a criação, deixa claro a esse respeito que o silêncio das escrituras em não detalhar a criação dos anjos, não significa que eles não existem, tampouco que não tenham importância. A existência dos Tronos é atestada justamente no comentário do livro do Gênesis 1,1 ao tratar do princípio da criação do céu e da terra[54].

Nesse sentido, os Tronos sempre serão ligados à dimensão da interioridade e sensibilidade de acolher Deus em si mesmos. Assemelhamo-nos a eles quando - pela graça - abrimos a porta do nosso coração para Aquele que estando à nossa porta, bate

---

53 Cf. FAUSTINA KOWALSKA, *DIÁRIO*, 651.
54 Cf. AGOSTINHO DE HIPONA, *CONFISSÕES*, XII, 22, 178.

(Ap 3,20). Ao abrir a porta do nosso coração, Deus - em Jesus Cristo - entra em nossa vida e faz morada, senta-se à mesa conosco e ceia com aquele que teve a coragem de deixar que sua alma se tornasse o lugar de sua habitação.

Esses anjos estão pré-dispostos a acolher a Deus em seu interior e, por isso, Santo Tomás de Aquino chega a afirmar que estão familiarizados com as visitas de Deus[55]. O que isso significa? Que eles anseiam pela presença divina em si mesmos. Uma vez que são chamados a serem casa e receberem a Deus em si, os Tronos - de natureza aberta e acolhedora - são dóceis e humildes para acolherem em si a graça divina. Portanto, com eles aprendemos sobre a dimensão da verdadeira comunhão, a partir da qual somos chamados a viver com o Altíssimo, uma vez que somos criados à imagem e semelhança de Deus que é Uno e Trino e que deseja relacionar-se com cada um de nós em uma postura verdadeira e genuína, partindo como uma fonte de dentro para fora, para que transborde externamente, vindo do interior.

A exemplo destes grandes seres espirituais, o nosso coração anseia e deseja o Senhor como a corsa suspira pelas águas (Sl 42,1-2), buscando saciar sua sede. A nossa alma não se contentará até que o Deus

---

55 Cf. TOMÁS DE AQUINO, *SUMMA THEOLOGICA,* I-II, Q 108, ART. 6, 778.

da nossa existência seja o doce hóspede dela. Que mistério grandioso não é mesmo? Ao fim de tudo, o que podemos contemplar é que o universo inteiro não poderia conter a glória de Deus pela sua grandeza e majestade. Mas o mistério do ser humano é tão alto que ultrapassa todo o nosso entendimento (Sl 138, 6), porque o mesmo Deus que enche com sua glória toda a terra, mora em nossos corações e deseja visitar-nos.

Iluminado por este mistério, você pode hoje dobrar seus joelhos, inclinar seu coração humildemente e falar bem baixinho em sua alma, convidando o Peregrino Divino (Deus) que busca você a todo instante, para encontrar morada em ti. Abra a porta do seu coração... Não tenhas medo de seres habitado por Deus! Assim como lâmpadas e lampiões acesos em meio à escuridão, a sua luz brilhará nas trevas e Deus será glorificado.

Uma antiga oração de invocação aos anjos possui uma estrofe voltada aos anjos Tronos. Penso que as poucas palavras desta oração sintetizam, de alguma forma, toda a nossa reflexão a respeito dos nossos irmãos do terceiro coro da hierarquia celeste. A oração diz:

> *Ó tronos estáveis, ensinai a minha alma, a verdadeira humildade para que se torne morada e casa do Senhor que reside benigna-*

mente nos últimos e nos humildes, Glória ao Pai, ao Filho e ao Espírito Santo como era no princípio agora e sempre, amém.

Ainda na ladainha dos anjos a respeito dos anjos Tronos diz-se: "*Santos Tronos, anjos da vida, rogai por nós!*"

Eles são anjos da vida não por si mesmos, mas porque deixaram que o Autor de toda vida habitasse neles. De fato, a vida verdadeira é acolher a Jesus como nosso único Senhor. É Ele a vida verdadeira que estava escondida e manifestou-se na plenitude dos tempos. Os anjos nada mais são que seres espirituais que se deixam ser invadidos pela presença da vida eterna manifestada em Jesus Cristo por intermédio do seu Espírito Santo, que é Senhor e que dá a vida.

Diante de toda essa explanação, o que podemos aprender com os santos Tronos?

Tenho o entendimento que eles podem nos ensinar a beleza da verdadeira intimidade e amizade com Deus, pois o nosso coração anseia e deseja encontrar com o Senhor da nossa existência. Faça com que sua vida tenha sentido verdadeiro assim como é para os santos Tronos. A vida não tem sentido se não é habitada pelo Autor supremo da vida eterna.

Oração

Gloriosos e supremos santos Tronos de Deus, sobre o qual repousa o Onipotente, intercedei por nós para que possamos obter a Paz e a serenidade na peregrinação desta vida. Auxiliai-nos a entender e tomar plena consciência da presença perene do Senhor em nossas vidas. Ajudai-nos a carregar, em nosso coração, os anseios e os sonhos de Deus para cada um de nós. Que a nossa essência, assim como a vossa, possa encontrar sempre em Deus o sentido e a plenitude para toda nossa existência. Que a presença divina em nossos corações, por meio do Espírito Santo, possa nos reconciliar com Deus, com nosso próximo e com nós mesmos. Por Cristo Nosso Senhor, na unidade do Espírito Santo para a glória de Deus pai, Amém. (Glória, Pai nosso, Ave Maria).

CAPÍTULO 7

Um Canto Novo

[...] Prostraram-se diante do Cordeiro, cada um com uma cítara e taças de ouro cheias de incenso, que são as orações dos santos, cantando um cântico novo: Digno és de receber o livro e de abrir seus selos, pois foste imolado e por teu sangue resgatastes para Deus homens de toda tribo, língua povo e nação [...](Ap 5,8 -10).

Os anjos no céu cantam e louvam a Deus pelos seus feitos, não somente no mundo invisível, mas também na realidade do mundo visível, a saber a nossa realidade existencial. João contemplou um cântico novo entoado pelos anjos, de um modo especial àqueles que estavam mais próximos do trono.

Se prestarmos atenção, em linha geral, o apóstolo, faz referência a todos os anjos, mas deixa especificado que são aqueles que estão próximos ao Cordeiro que entoam este louvor. O cântico novo está ligado a novidade da salvação realizada pela Segunda pessoa da Santíssima Trindade, a saber, o Filho de Deus, Cordeiro Santo.

Se o cântico dos anjos no início do livro do Apocalipse tem como tema a glória e grandeza de Deus, que é Senhor do tempo (Ap 4,8), neste especificamente os seres espirituais entoam louvores ao Cordeiro por ter sido imolado por nós homens e para a nossa salvação.

O canto novo está ligado profundamente ao mistério da redenção. Sim, os anjos louvam a Deus por ter realizado a salvação a nosso favor. Existe uma alegria em meio a este louvor. Ela se baseia na restauração ou recapitulação da obra econômica (salvífica de Jesus). De alguma forma, é como se o cântico dos anjos estivesse completo com a possibilidade agora dos homens, criaturas criadas à imagem e semelhança de Deus podem se associar a eles para entoar um cântico que nunca foi cantado no céu e nem na terra.

Por isso, eles adoram e louvam a Cristo que foi imolado para a nossa salvação. Desde sempre, o centro da adoração dos anjos foi o Cordeiro Santo. Podemos afirmar que a adoração no Céu é cristocêntrica, isto é, tem como Jesus como centro da adoração e do louvor. Isto quer dizer que os anjos pertencem a Cristo e a Ele rendem glória.

A comunhão dos santos e dos anjos está intimamente ligada ao mistério cristológico, uma vez que ambas as criaturas *"foram criadas por Ele e para Ele"* (Cl 1, 16). Sendo assim, o centro da nossa adoração e do nosso relacionamento com Deus é o mesmo que o dos anjos, é em Jesus que encontramos a razão do nosso existir e do nosso viver[56].

Por vontade divina, anjos e homens pertencem à mesma família celestial. Mesmo você vivendo neste mundo, não se esqueça de que somos peregrinos rumo a pátria do Céu. Já agora a nossa vida está voltada para aquele lugar santo que um dia uniremos a nossa alma a todos os santos e anjos que já estão na glória de Deus.

De alguma forma, você faz parte da alegria dos anjos. Eles esperam se concretizar em tua vida os efeitos da salvação que nosso Senhor realizou no seu mistério pascal. Jesus nos ensina a este respeito ao dizer que *"Há alegria diante dos anjos de Deus por um só pecador que se arrepende"* (Lc 15,7). Jesus aqui está se referindo ao mistério escatológico, quando os homens salvos se rejubilarão, por terem sido alcançados pela misericórdia e bondade de Deus. Mas, podemos esquecer que a plenitude da vida humana e dos anjos é justamente estarem unidos a uma só voz a cantar os louvores de Deus em sua presença.

---

56 Cf. CATECISMO DA IGREJA CATÓLICA, 331.

Com a queda do primeiro homem, é como se (uso um exemplo figurado), o coro deste louvor estivesse desfalcado. Sendo assim, em sua obra redentora, o Filho de Deus nos reintroduziu àquele lugar secreto, em que com os 9 coros da hierarquia celeste nos associamos aos seus louvores.

A certeza de que nos associamos aos anjos e santos no Céu, faz sim que ainda nesta vida, possamos fazer a experiência do Paraíso que está em meio nós por intermédio de Jesus Cristo nosso Senhor que pelo seu Espírito, nos une a todos os santos e anjos que estão diante da sua Glória. No prefácio do V domingo da quaresma cantamos o seguinte:

Por Ele Vos adoram no Céu os coros dos Anjos
e se alegram eternamente na vossa presença.
Com eles também nós proclamamos na terra a vossa glória,
Cantando numa só voz:
Santo, Santo, Santo[57].

Veja a consciência que a Igreja possui em relação aos anjos e aos santos, onde nós também estamos incluídos. A alegria do mundo angélico é cantar, louvar, adorar e bendizer a Deus. Por sua vez, nós também nos alegramos em proclamar a santidade e misericórdia do Único e Verdadeiro Deus, que, na

---
[57] MISSAL ROMANO, *PREFÁCIO V DOMINGO DA QUARESMA*, 113.

plenitude dos tempos, desceu na terra trazendo consigo o céu. Ele restaurou enfim a ponte "rompida", pelo pecado dos nossos primeiros pais, reconciliando em si todas as coisas.

A reconciliação com o Pai de Misericórdia, também é uma reconciliação com o Céu, no sentido que em Cristo podemos voltar para casa. Sim, o Céu é a sua casa. O Paraíso perdido foi, por sua cruz, restituído. Hoje, os anjos caminham conosco, dentro do mistério da Igreja pelo qual todos nós fazemos parte. Ainda na terra podemos já, em Jesus, nos associar ao coro desses nossos irmãos que agradecem e louvam a Deus pelos seus feitos.

Os anjos, ao cantarem, olham para o Filho de Deus chagado, que por nós e por amor aos homens realizou a redenção dando a si mesmo para a redenção dos nossos pecados. Você também faz parte da letra do louvor entoado nos céus. O cântico novo, é sobre a nossa salvação, é sobre você.

Que forte saber então que, ao adorarem a Deus nos mais altos céus, os anjos também o agradecem por ter salvado os homens e feito com que eles pudessem estar mais uma vez em comunhão com o seu Criador e com suas criaturas. Homens e Anjos foram feitos para a Glória de Deus.

Quero que neste momento você possa fechar

seus olhos. Imagine que na eternidade, em um determinado momento, Deus chamou seu anjo da Guarda de entre os coros dos anjos. Ao subir as escadarias do Trono, ele se prostrou para adorar...

Deus então lhe recomendou que descesse na terra para cuidar e estar contigo desde a sua concepção. Este anjo que está ao teu lado agora, e que independentemente de você vê-lo, senti-lo, caminha contigo e não te abandonará jamais. Você sabe qual é o maior desejo do teu anjo? Que você volte para o Céu com ele. Por isso que a presença dos anjos em nossa vida é a certeza do céu na terra e que não caminhamos nesta terra sozinhos. Não tenha medo de fazer da sua vida, um lugar em que Deus possa habitar, e se Deus habita em você, saiba com certeza que os anjos estarão contigo aonde tu fores.

Coragem! O céu inteiro faz festa por sua causa. O Céu espera você. Comece já nesta terra a ensaiar o cântico que nunca foi cantado. Tenha a Jesus como o centro da sua vida e adoração. Permita que a graça divina te auxilie no caminho de santidade que todos nós somos chamados. O recado do céu para você é:

Você não está sozinho, nós estamos com você.

CONCLUSÃO

Ao concluir a primeira parte da nossa trilogia, observamos que os anjos que estão diante de Deus queimam, vivem, caminham e carregam o fogo do amor de Deus dentro de si.

Vimos que os Serafins possuem a sensibilidade de queimar na presença de Deus, deixando que o Amor divino que contemplam faça-os como as brasas de uma fogueira – sendo consumidos e invadidos pelo calor das chamas da *shekinah* divina.

Os Querubins possuem a presença devoradora de Deus como um fogo consumidor em meio a eles. Vimos que a simbologia da arca da aliança - que possuía em si a imagem dos Querubins - representa a unidade e comunhão que os Querubins abençoadores possuem de terem Deus no meio deles.

Por sua vez, concluímos que os anjos Tronos

são os seres espirituais que carregam na intimidade de sua essência, a presença daquele fogo de Amor. Humildes e dependentes de seu Criador, são constantemente visitados por Deus, e como lâmpadas vivas brilham e manifestam a beleza da glória divina que os ilumina de dentro para fora.

O que podemos aprender com o que lemos até aqui? Que o fato de sermos imagem e semelhança de Deus; de pertencermos ao seu corpo místico - tendo em nós a dimensão da comunhão dos santos a luz da vida trinitária; podemos também queimar na presença de Deus como fazem os Serafins.

A exemplo dos Querubins, que vivem no amor e na caridade aos nossos irmãos, podemos descobrir em meio a nós a chama do fogo de amor de Deus que habita no meio daqueles que O buscam de todo o coração.

Por fim, os anjos Tronos ensinam-nos que, mesmo frágeis e pequenos, podemos conter em nós o poder e a glória que está nos céus, uma vez que, ao abrir a porta do nosso coração, podemos, finalmente, deixar Deus entrar em nossa casa, na morada do nosso coração e tornar-se o nosso hóspede e amigo.

Você é a síntese da adoração dos céus! Deus sonha ter você perto d'Ele assim como estão os três coros sobre os quais tratamos neste livro.

A partir de hoje desejo que em seu coração possa ter a certeza que Deus te amou de uma forma tão grande, que já na criação, antes da fundação do mundo, Ele quis que os seres espirituais, fossem nossos irmãos e membros de nossa família.

Não tenha medo! Aproxime-se com coragem e confiança diante do Trono de Deus, pois o céu está de portas abertas para você. Termine esta primeira parte da nossa trilogia declarando que não estás sozinho e que um dia cantarás no céu um cântico que nunca foi cantado. Os anjos esperam a nós para juntos, em uma só voz, levantarmos um clamor de adoração e louvor. Deus está de pé a esperar-te, por isso não perca tempo e corra para os seus braços. Ali estarás seguro para sempre!

Busque o Senhor de todo o seu coração. Não duvide nunca nem mesmo quando a dor chegar, que apesar dos percalços da vida, o Céu inteiro intercede e torce por ti. Não tenhas medo de chamar estes irmãos para junto adorar a Trindade Santíssima. Como aprendemos, já não existe mais distância entre o céu e a terra. O teu coração foi criado para que Deus pudesse encontrar nele morada, assim como encontra nos Tronos. Seu rosto deve ser iluminado pela presença de Deus que nunca te abandonará.

Que no relacionamento com seus irmãos, família, comunidade, você possa descobrir a presença fulgurosa de Deus em meio a nós que caminha conosco por meio do seu Filho, e que está em nosso meio para ser o centro da nossa adoração.

Se os anjos estão voltados para o Trono de Deus, também a sua vida, seu coração e sua essência sente saudades de subir mais uma vez as escadarias da sala onde o Cordeiro Santo imolado está sentado.

Que seu coração sinta saudades do Céu. E que ele se lembre que somos todos cidadãos do reino celeste, e que um dia cantaremos todos juntos a uma só voz, associados aos santos e anjos, que Deus é o Santo e o Senhor de nossas vidas para sempre.

Que os anjos da primeira hierarquia celeste intercedam por você e pelos seus sonhos.

O Céu está de portas abertas para você. Não deixe de entrar...

POSFÁCIO

Para quem tem fé e busca com sinceridade conhecer a Deus, nosso Pai e Criador, sabemos que a nossa vida não está unicamente restrita às realidades que enxergamos neste mundo. Existe um mundo invisível em que somos chamados a uma profunda união com Deus e a uma comunhão dos bens espirituais.

Podemos perceber um sinal disto nas palavras de São Paulo aos Coríntios: *"o que os olhos não viram, os ouvidos não ouviram e o coração do homem sequer imaginou, tais são os bens que Deus tem preparado para aqueles que o amam"* (1Cor 2,9).

Fazem parte deste mundo espiritual os santos que já passaram por esta terra e deixaram suas marcas, e os anjos, seres espirituais criados por Deus. A doutrina católica afirma que os anjos são seres espirituais que glorificam a Deus sem cessar e servem a seus desígnios salvíficos em relação às demais criaturas, cooperando para todos os nossos bens. E que o Senhor colocou ao lado de cada ser humano, desde o início de nossa vida até a nossa morte, anjos para nos proteger, nos pastorear e interceder por nós.

Como é bom saber que Deus nos presenteou com estes amigos celestiais para nos ajudar no caminho que conduz à salvação, iluminando nossos passos e nos conduzindo espiritualmente pelo bom caminho!

Eu conheço o Prof. Rafael Brito há muitos anos... somos irmãos de comunidade e nossa amizade começou quando a Aliança de Misericórdia estava nascendo. Ambos éramos jovens, mas tínhamos sonhos semelhantes em servir a Deus com nossas vidas, nos dedicando para pregar a Palavra do Senhor e anunciar a sua Misericórdia! Eu segui o caminho para o sacerdócio e ele constituiu uma bela família, com sua esposa Lilian e seus dois filhos, Daniel e Lucas.

Por muitos anos, ele e sua família moraram fora do Brasil, vivendo como missionários da nossa comunidade. Em todo este tempo, nunca perdemos a amizade! Ao contrário, foram muitas as oportunidades em que fui recebido em sua casa, com a hospitalidade e o carinho característicos dos verdadeiros cristãos. Não foram poucas as vezes em que ele me partilhou seu amor pelos anjos de Deus e seu desejo de que essa revelação da nossa fé fosse conhecida e anunciada, incentivando as pessoas a procurar fortalecer essa amizade com os seres angelicais colocados por Deus ao nosso lado.

É interessante quando o coração se abre e, mesmo que os olhos não vejam, podemos sentir que esses amigos do céu estão ao nosso lado nos ajudando a continuar no caminho do bem ou nos afastando dos perigos da vida. Não tenho dúvidas de que meu anjo da guarda me livrou de muitos perigos...

Ao mesmo tempo, como é bom reconhecer também que algumas pessoas nesta terra foram colocadas ao nosso lado como verdadeiros anjos, para nos ajudarem e estarem ao nosso lado. Tenho certeza de que o Professor Rafael Brito é este anjo na vida de muitas pessoas, assim como também o é para mim.

O livro que você está em suas mãos agora é o primeiro de uma trilogia que quer nos ajudar a conhecer quem são os anjos de Deus e como eles se manifestam em nossas vidas. O ponto de partida é a nossa fé católica, que da Igreja recebemos e sinceramente professamos, razão de nossa alegria em Cristo Senhor. A leitura deste livro será um bem enorme para sua caminhada espiritual e te despertará o desejo de construir uma bonita amizade com os anjos.

Boa leitura!

Deus lhe abençoe.

Pe. Rodrigo Custódio A. Ramos

Presidente da Aliança de Misericórdia

ORAÇÕES

Nesta seção do nosso livro deixo algumas orações, para que você possa iniciar em seu coração, o desejo de se relacionar com os anjos de forma prática.

Boa oração!

...

Santo Anjo

Santo Anjo do Senhor, meu zeloso guardador, se a ti me confiou a piedade divina. Sempre me rege, me guarda, me governa, me ilumina. Amém!

Consagração ao Anjo da Guarda

Santo Anjo da guarda, que me foste concedido, desde o início da minha vida, como protetor e companheiro, quero eu (nome...), pobre pecador, consagrar-me hoje a Vós, diante de meu Senhor e DEUS, de Maria, minha Mãe celestial e de todos os Anjos e Santos.

Quero-Vos dar a minha mão e nunca mais a desprender da Vossa.

Com a minha mão na Vossa, prometo ser sempre fiel e obediente ao meu Senhor e DEUS e à Santa Igreja.

Com a minha mão na Vossa, prometo confessar sempre Maria como minha Rainha e Mãe e fazer da sua vida um modelo da minha.

Com a minha mão na Vossa, prometo confessar a minha Fé em Vós, meu santo protetor, e promover zelosamente a veneração dos santos Anjos, como proteção e auxílio especial, de modo particular, nestes dias de luta espiritual pelo Reino de DEUS.

Suplico-te, Santo Anjo do Senhor, toda a força do Amor, para que seja inflamado, todo o vigor da Fé, para que nunca mais vacile.
Suplico-Vos, que a tua mão me defenda contra os ataques do inimigo.

Suplico-Vos a graça da humildade de Nossa Senhora, para que seja preservado de todos os perigos e, guiado por Vós, chegue à Pátria celestial. Amém.

OREMOS:

Deus Onipotente e Eterno, concedei-nos o auxílio dos Vossos Anjos e exércitos celestes, a fim de que, por eles, sejamos preservados dos ataques de Satanás e, pelo Precioso Sangue de Nosso Senhor JESUS CRISTO e pela intercessão da Santíssima Virgem MARIA, libertos de todo o perigo, possamos servir-Vos em paz. Por Nosso Senhor JESUS CRISTO, Vosso Filho, que convosco e com o ESPÍRITO SANTO vive e reina por todos os séculos. Amém.

Rosário dos Santos Anjos

V. Deus, vinde em nosso auxílio.
R. Senhor, socorrei-nos e salvai-nos.
V. Glória ao Pai, ao filho e ao Espírito Santo.
R. Como era no princípio agora e para sempre.

PRIMEIRA SAUDAÇÃO: Saudamos o primeiro coro dos Anjos, pedindo pela intercessão de São Miguel Arcanjo e do coro celeste dos Serafins, para que o Senhor nos torne dignos de sermos abrasados de uma perfeita caridade. – Amém. (1 Pai-Nosso, 3 Ave-Marias, 1 Glória).

SEGUNDA SAUDAÇÃO: Saudamos o segundo coro

dos Anjos, pedindo pela intercessão de São Miguel Arcanjo e dos coros celestes dos Querubins, para que o Senhor nos conceda a graça de fugirmos do pecado e procurarmos a perfeição cristã. – Amém. (1 Pai-Nosso, 3 Ave-Marias, 1 Glória).

TERCEIRA SAUDAÇÃO: Saudamos o terceiro coro dos Anjos, pedindo pela intercessão de São Miguel Arcanjo e do coro celeste dos Tronos, para que Deus derrame em nossos corações o espírito de verdadeira e sincera humildade. – Amém. (1 Pai-Nosso, 3 Ave-Marias, 1 Glória).

QUARTA SAUDAÇÃO: Saudamos o quarto coro dos Anjos, pedindo pela intercessão de São Miguel Arcanjo e do coro celeste das Dominações, para que o Senhor nos conceda a graça de dominar nossos sentidos e de nos corrigir das nossas más paixões. – Amém. (1 Pai-Nosso, 3 Ave-Marias, 1 Glória).

QUINTA SAUDAÇÃO: Saudamos o quinto coro dos Anjos, pedindo pela intercessão de São Miguel Arcanjo e do coro celeste das Potestades, para que o Senhor se digne proteger nossas almas contra as ciladas e as tentações do demônio. – Amém. (1 Pai-Nosso, 3 Ave-Marias, 1 Glória).

SEXTA SAUDAÇÃO: Saudamos o sexto coro dos Anjos, pedindo pela intercessão de São Miguel Arcanjo e do coro admirável das Virtudes, para que o Senhor não nos deixe cair em tentação, mas que nos livre de todo mal. – Amém. (1 Pai-Nosso, 3 Ave-Marias, 1 Glória).

SÉTIMA SAUDAÇÃO: Saudamos o sétimo coro dos Anjos, pedindo pela intercessão de São Miguel Arcanjo e do coro celeste dos Principados, para que o Senhor encha nossas almas do espírito de uma verdadeira e sincera obediência. – Amém. (1 Pai-Nosso, 3 Ave-Marias, 1 Glória).

OITAVA SAUDAÇÃO: Saudamos o oitavo coro dos Anjos, pedindo pela intercessão de São Miguel Arcanjo e do coro celeste dos Arcanjos, para que o Senhor nos conceda o dom da perseverança na fé e nas boas obras, a fim de que possamos chegar a possuir a glória eterna do Paraíso. – Amém. (1 Pai-Nosso, 3 Ave-Marias, 1 Glória).

NONA SAUDAÇÃO: Saudamos o nono coro dos Anjos, pedindo pela intercessão de São Miguel Arcanjo e do coro celeste de todos os Anjos, para que sejamos por eles guardados nesta vida mortal e conduzidos à glória eterna do Céu. – Amém. (1 Pai-Nosso, 3 Ave-Marias, 1 Glória).

JACULATÓRIAS

– Oh meu Jesus, perdoai-nos, livrai-nos do fogo do inferno, levai as almas todas para o céu e socorrei principalmente as que mais precisarem.

– Abençoai o Santo Padre, o Papa, o nosso bispo diocesano e todo o clero, o nosso pároco (...), as nossas famílias e dai-nos a paz.

– São Miguel Arcanjo, defendei-nos no combate.

– Jesus, Maria e José santificai nossas famílias e aumentai a nossa fé.

UM PAI-NOSSO AO ANJO DA PAZ

Um Pai-Nosso em honra de São Miguel Arcanjo.
Um Pai-Nosso em honra de São Gabriel.
Um Pai-Nosso em honra de São Rafael.
Um Pai-Nosso em honra a Nossa Senhora, Rainha dos Anjos
Um Pai-Nosso em honra de Nosso Anjo da Guarda.

OREMOS – Gloriosíssimo São Miguel, chefe e príncipe dos exércitos celestes, fiel guardião das almas, vencedor dos espíritos rebeldes, amado da casa de Deus, nosso admirável guia depois de Cristo, vós, cuja excelência e virtude são eminentíssimas, dignai-vos livrar-nos de todos os males, nós todos que recorremos a vós com confiança, e fazei, pela vossa incomparável proteção, que adiantemos cada dia mais na fidelidade e perseverança em servir a Deus.

V. Rogai por nós, ó bem-aventurado São Miguel, príncipe da Igreja de Cristo.
R. Para que sejamos dignos de suas promessas.

OREMOS – Deus Todo-Poderoso e Eterno, que por um prodígio de bondade e misericórdia para a salvação dos homens escolhestes para príncipe de vossa igreja o gloriosíssimo São Miguel Arcanjo, tornai-nos dignos, nós vo-Lo pedimos, de sermos preservados de todos os nossos inimigos, a fim de que na hora da nossa morte nenhum deles nos possa inquietar, e por Ele sejamos introduzidos na presença da Vossa Poderosa e Augusta Majestade, pelos merecimentos de Jesus Cristo, Nosso Senhor. Amém.

JACULATÓRIAS FINAIS

V. Rogai por nós bem-aventurado São Miguel Arcanjo, príncipe da Igreja de Jesus Cristo.
R. Para que sejamos dignos de suas promessas.
V. Ó Luminares radiosos do Céu, exército triunfante da Corte Celeste.
R. Assisti a Santa Igreja e dai-lhe vitória sobre todos os seus inimigos.
V. Ó Coros admiráveis da hierarquia celeste, que servis a Deus no Céu e na Terra.
R. Opondo-vos ao mal e fazei que o bem triunfe em todos os países da Terra.

ORAÇÃO

Deus pai, Pelo poder do nome de Jesus. Pelo poder do Sangue de Jesus. Pelo poder das chagas de Jesus. (Colocar a intenção). Não nos deixeis cair em tentação mais livrai-nos do mal. Amém.

ORAÇÃO À RAINHA DOS ANJOS

Augusta Rainha dos Céus e Senhora dos Anjos, que recebestes de Deus o poder e a missão de esmagar a cabeça de Satanás, nós vos pedimos humildemente: enviai as Legiões Celestes para que, sob vossas ordens, elas persigam os demônios, combatam-nos em toda a parte, reprimam a sua audácia e os precipitem no abismo.
Quem como Deus? (São Miguel). Santos Anjos e Arcanjos protegei-nos, defendei-nos! Ó boa e terna Mãe, vós sereis sempre o nosso amor e a nossa esperança! Ó querida Mãe, enviai os vossos Anjos para que nos defendam e afastem de nós o cruel inimigo! Assim seja.
Quem como Deus? (São Miguel). Ó boa e terna Mãe, Vós sereis sempre o nosso amor e a nossa esperança! Ó Mãe de Deus, enviai os santos Anjos, para nos defender e repelir para longe de nós o cruel inimigo! Santos Anjos e Arcanjos defendei-nos e protegei-nos! Amém.

Oração a Imaculada do Espírito Santo

Imaculada do Espírito Santo, pelo poder que o eterno Pai te deu, sobre os anjos e arcanjos, enviai fileiras de anjos, para livrar-nos do maligno e curar-nos, Amém.

Ladainha dos Santos Anjos

- Senhor, tende piedade de nós.
- Cristo, tende piedade de nós.
- Senhor, tende piedade de nós.
- Cristo, ouvi-nos.
- Cristo, atendei-nos.
- Deus Pai, Criador dos Anjos, tende piedade de nós.
- Deus Filho, Senhor dos Anjos, tende piedade de nós.
- Deus Espírito Santo, Vida dos Anjos, tende piedade de nós.
- Santíssima Trindade, delícia de todos os Anjos, tende piedade de nós.
- Santa Maria, rogai por nós.
- Rainha dos Anjos, rogai por nós.
- Todos os Coros dos Espíritos bem-aventurados, rogai por nós.
- Santos Serafins, Anjos do Amor, rogai por nós.
- Santos Querubins, Anjos do Verbo, rogai por nós.
- Santos Tronos, Anjos da Vida, rogai por nós.

- Santos Anjos da Adoração, rogai por nós.
- Santas Dominações, rogai por nós.
- Santas Potestades, rogai por nós.
- Santos Principados, rogai por nós.
- Santas Virtudes, rogai por nós.
- São Miguel Arcanjo, rogai por nós.
- Vencedor de Lúcifer, rogai por nós.
- Anjo da fé e da humildade, rogai por nós.
- Anjo da Santa Unção, rogai por nós.
- Anjo dos moribundos, rogai por nós.
- Príncipe dos exércitos celestes, rogai por nós.
- Companheiro das almas na morte cristã, rogai por nós.
- São Gabriel Arcanjo, rogai por nós.
- Anjo da Encarnação, rogai por nós.
- Mensageiro fiel de Deus, rogai por nós.
- Anjo da esperança e da paz, rogai por nós.
- Protetor de todos os servos e servas de Deus, rogai por nós.
- Guarda do Santo Batismo, rogai por nós.
- Patrono dos sacerdotes, rogai por nós.
- São Rafael Arcanjo, rogai por nós.
- Anjo do Divino Amor, rogai por nós.
- Dominador do Espírito maligno, rogai por nós.
- Auxiliador em casos de necessidade, rogai por nós.
- Anjo da dor e da cura, rogai por nós.
- Patrono dos médicos, viajantes e peregrinos, rogai por nós.

- Todos os Santos Arcanjos, rogai por nós.
- Anjo do serviço perante o trono de Deus, rogai por nós.
- Anjos dos serviços prestados à humanidade, rogai por nós.
- Santos Anjos da Guarda, rogai por nós.
- Auxiliares em nossas necessidades, rogai por nós.
- Luz em nossa escuridão, rogai por nós.
- Amparo em todos os perigos, rogai por nós.
- Admoestadores das nossas consciências, rogai por nós.
- Intercessores perante o trono de Deus, rogai por nós.
- Defensores contra o inimigo, rogai por nós.
- Nossos companheiros constantes, rogai por nós.
- Nossos guias seguros, rogai por nós.
- Nossos mais fiéis amigos, rogai por nós.
- Nossos conselheiros prudentes, rogai por nós.
- Nossos modelos na obediência, rogai por nós.
- Consolação no abandono, rogai por nós.
- Espelho de humildade e pureza, rogai por nós.
- Anjos das nossas famílias, rogai por nós.
- Anjos dos nossos sacerdotes e curas de almas, rogai por nós.
- Anjos das nossas crianças, rogai por nós.
- Anjos da nossa terra e da nossa pátria, rogai por nós.
- Anjos da Santa Igreja, rogai por nós.
- Todos os Santos Anjos, rogai por nós.

Ajudai-nos durante a nossa vida, assisti-nos na hora da nossa morte - no céu nós vos agradecemos.

- Cordeiro de Deus, que tirais o pecado do mundo, Perdoai-nos, Senhor.

- Cordeiro de Deus, que tirais o pecado do mundo, Ouvi-nos, Senhor.

- Cordeiro de Deus, que tirais o pecado do mundo, tende piedade de nós!

- Cristo, ouvi-nos.

- Cristo, tende piedade de nós.

V. Deus deu a teu respeito ordens aos Anjos.

R. Eles proteger-te-ão nos teus caminhos.

Oremos:

Concedei-nos o auxílio dos Vossos Anjos e exércitos celestes, a fim de que, por eles, sejamos preservados dos ataques de Satanás e pelo Precioso Sangue de Nosso Senhor Jesus Cristo e pela intercessão da Santíssima Virgem Maria, libertos de todos os perigos possamos servi-Vos em paz, por Nosso Senhor Jesus Cristo, Vosso Filho, na unidade do Espírito Santo, para sempre. Amém.

REFERÊNCIAS BIBLIOGRÁFICAS

A. MELQUIADES, INTRODUÇÃO A, SAN GREGÓRIO MAGNO, OBRAS, BAC, MADRID, 2009.

AGOSTINHO, CONFISSÕES, PAULUS, SÃO PAULO, 1997.

ANGELA DA FOLIGNO, EXPERIÊNCIA DE DIOS AMOR, MISSIONES FRANCISCANAS CONVENTUALES, CONDOR-ARGENTINA, 2016.

ARISTÓTELES, ÉTICA A NICÔMACO, EDIPRO, SÃO PAULO, 2014.

AUERBACH, E., MIMESIS - A CICATRIZ DE ULISSES, EDITORA PERSPECTIVA, SÃO PAULO, 1998.

BASÍLIO MAGNO, LIBER DE SPIRITU SANCTO 15, 36: SC, 17 BIS. 370 (pg. 32, 132).

BOAVENTURA, ITINERARIUM MENTIS IN DEUM, RIZZOLI, MILANO, 1994.

CATECISMO DA IGREJA CATÓLICA, LOYOLA, SÃO PAULO, 2002.

CLEMENTE DE ALEXANDRIA EM *Os Estromas das Miscelâneas, nos Padres Pré-Nicenos*, VOL. 1.

CLEMENTE ROMANO, *Epístola Aos Coríntios, Em: Padres Apostólicos*, PAULUS, SÃO PAULO, 1997.

COMPÊNDIO DO CATECISMO DA IGREJA CATÓLICA, GRÁFICA DE COIMBRA, COIMBRA, 2005.

CONCÍLIO DO VATICANO II, *Const. past. Gaudium et Spes, Paulus, São Paulo, 1998*.

D.M., STANZIONE, *Il coro angelico dei Troni, Santi e Beati* [ACESSO: 14/04/21], HTTP://WWW.SANTIEBEATI.IT/DETTAGLIO/97736.

DENZINGER, HEINRICH. HÜNERMANN, PETER (ORGS). *Compêndio dos símbolos, definições e declarações de fé e moral. Tradução de José Marino e Johan Konings. São Paulo, Edições Loyola, Paulinas, 2007.*

Dicionário de figuras e símbolos bíblicos, PAULUS, SÃO PAULO, 2006.

Faustina Kowalska, Diário, Congregação dos Padres Marianos, Curitiba, 2007.

G.L. MULLER, *Dogmática Católica - teoria e prática da teologia*, VOZES, PETRÓPOLIS, 2015.

JOÃO PAULO II, *Audiência Geral, Quarta Feira, 9 de Julho,1986.*

Gregório Magno, *Obras*, BAC, Madrid, 2009.

Ildegarda di Bingen, *Liber vitae meritorum*, Mimesis, Milano, 1998.

Inácio de Antioquia, *Carta aos Tralianos*, Em: *Padres Apostólicos*, Paulus, São Paulo, 1997.

J. Ameal, *São Tomás de Aquino;* Porto, Livraria Tavares Martins, 1956.

J.R.R. Tolkien, *O Silmarillion*, WMF Martins Fontes, São Paulo, 2001.

Julien Ries. *L'uomo e il sacro nella storia dell'umanità*, Jaca Book, Milano, 2007.

Orígenes, *Sobre os Princípios*, Paulus, São Paulo, 2014.

Pseudo-Dionisio, *Hierarchia celeste*, Ecclesiae, São Paulo, 2019.

R.C. Colin, *Le mythe de Prométhée et les figures paternelles idéalisées*, Topique, Paris, 2003.

Tomás de Aquino, *Summa Theologica*, Paulus. 2001.

____ *De Veritate*, Bompiani, Bologna, 2005.

____ *Super Evangelium S. Matthaei, 18,10*, Marietti, Roma, 1951.

____ *Catena Aurea v. 1*, Ecclesiae, 2018.

ANGELVS
EDITORA

www.angeluseditora.com

Este livro foi impresso pela
Gráfica Loyola